삼성전자 주식을 알면
주식 투자의
길이 보인다

삼성전자 주식을 알면
주식 투자의
길이 보인다

초판 1쇄 인쇄 | 2021년 2월 04일
초판 1쇄 발행 | 2021년 2월 10일

지은이 | 근투생 김민후(김달호)
펴낸이 | 박영욱
펴낸곳 | (주)북오션

편 집 | 이상모
마케팅 | 최석진
디자인 | 서정희·민영선

주 소 | 서울시 마포구 월드컵로 14길 62
이메일 | bookocean@naver.com
네이버포스트 | post.naver.com/bookocean
전 화 | 편집문의: 02-325-9172   영업문의: 02-322-6709
팩 스 | 02-3143-3964

출판신고번호 | 제2007-000197호

ISBN 978-89-6799-580-5 (03320)

삼성전자 주식을 알면 주식 투자의 길이 보인다

근투생 김민후(김달호) 지음

SAMSUNG

북오션

얼마 전 이런 이야기를 들었습니다. 예전에는 재테크를 '하는' 사람과 재테크를 '안' 하는 사람으로 구분되었는데 지금은 재테크를 '하는' 사람과 재테크를 하고 싶어도 '못' 하는 사람으로 구분된다는 것이었습니다.

그 이야기를 듣고 정말 맞다는 생각이 들면서도 한편으로는 씁쓸한 마음이 들었습니다. 본업만으로는 세상의 흐름을 따라갈 수 없어서 강제적으로 재테크 시장으로 몰리고 있는 현실이 안타까웠기 때문입니다. 예전에는 본업만 열심히 해도 먹고살기에 풍족하지는 않아도 부족함은 없었던 것 같은데 지금은 본업만으로는 먹고사는 것마저 힘들어져 버린 분위기가 된 것 같습니다. 본업만으로도 힘드실 텐데 재테크 공부까지 병행하시려면 얼마나 힘드실까요?

그러나 어렵게 결정하고 힘들게 시작한 재테크가 모든 분에게 수익을 보장해 주는 것은 아닙니다. 아무런 준비 없이 다른 사람의 말만 듣고 분위기에 휩쓸려 재테크를 시작했다가 오히려 손해만 보고 괜히 시작했다고 후회하시는 분들이 셀 수 없이 많습니다. 주식 투자를 예로 들어보면 대부분의 초보 투자자들이 일단 급한 마음에 종목부터 매수하고 나서 생각한 것만큼 수익이 나지 않거나 혹은 손실을 보기 시작하면 그제야 후회하고 주식 공부를 시작하려 하십니다.

그러나 막상 공부를 시작하려 해도 국영수 같은 학습 커리큘럼이 정해진 것이 아니기 때문에 어디서부터 어떻게 공부를 해야 할지 몰라 이리 저리 헤매는 경우가 많습니다. 저 역시 초보 시절에 어디서부터 공부를 시작해서 어떤 방향을 목표로 삼아야 할지 몰라 답답해했습니다.

그런 분들에게 이 책이 하나의 길이 되어 줄 것이라고 생각합니다. 초보 투자자라도 최소한 이 책에 나오는 내용만 숙지한다면 적어도 주식에 투자해서 깡통 찼다는 이야기는 하지 않으실 겁니다. 또한 주식에 대한 단편적인 지식만 있었던 분에게는 이 책이 주식 투자의 방향을 제시해줄 거라고 생각합니다. 부디 이 책을 읽고 전부 본인의 것으로 만들어서 주식을 통한 부의 추월차선을 달리시길 바랍니다.

이 책이 세상에 나올 수 있게 도와주신 '북오션' 관계자 여러분과 언제나 아들을 믿고 응원해 주신 어머니, 우리 가족의 든든한 울타리가 되어주신 아버지께 이 자리를 빌려 감사드립니다. 그리고 이제는 제가 울타리가 되어 주어야 할 첫딸 다은이와 제 인생의 가장 힘든 시기를 함께하며, 그럼에도 불구하고 끝없는 지지와 사랑을 보내준 사랑하는 나의 아내에게 이 책을 바칩니다.

근투생 김민혁 (김달호)

5

목차

Part4. [삼성전자]와 자금관리

Part5. [삼성전자]와 마인드관리 그리고 손절

Part6. [삼성전자] 주가에 영향을 주는 요인들

Part7. [삼성전자] 한 종목이면 충분할까?

처음 주식매매를 하시는 분들께는 [삼성전자]를 추천해 드리는 편입니다. 또한 골치
아프게 이 종목 저 종목 찾아보지 않아도 [삼성전자] 한 종목만 제대로 매매한다면 충
분히 좋은 수익이 가능하고 [삼성전자]라는 주식을 교과서 삼아 주식 매매에 필요한
대부분의 투자 원칙을 배울 수 있기 때문입니다.

Part 1

왜 하필
[삼성전자] 인가?

주식을 처음 시작하시는 많은 분들이 [삼성전자]를 매수하면서 첫 걸음을 떼십니다. 혹은 주식 시장에 입문하고자 주변에 자문을 구하면 아마 처음으로 매수할 만한 추천 종목에 대부분 [삼성전자]를 포함해 줄 것입니다. 우리나라의 코스피와 코스닥 시장에 상장된 2200개가 넘는 수많은 주식 중에 왜 하필 [삼성전자]일까요?

물론 사람에 따리 [삼성전지]에서 느껴지는 브랜드 이미지는 천차만별이겠지만 대한민국을 대표하는 기업이라는 사실에는 이견이 없으실 겁니다. 또한 주식 투자 여부와는 관계없이 우리나라에서 [삼성전자]라는 기업을 모르시는 분은 아마 거의 없으실 테니 주식을 처음 매매하시는 분이더라도 [삼성전자]라는 종목은 익숙하시겠죠.

[삼성전자]는 세계에서 경쟁하는 글로벌 기업으로서 우리나라 전체 수출의 약 5분의 1(20%)을 책임지고 있습니다. 그렇기 때문에 '삼성이 망하면 우리나라도 망한다'라는 이야기도 있는 거겠죠. 이렇게 우리나라를 대표하는 세계적인 기업이라는 상징성과 절대 망하지 않을 안전한 기업이라는 믿음 때문에 처음 주식 투자를 하시는 분들이 다른 종목에 비해 상대적으로 편안한 마음으로 [삼성전자]를 선택합니다.

또한 [삼성전자]라는 이름에 걸맞게 상승할 때는 꾸준히 상승하고 갑작스러운 호재나 악재가 있어도 급락하거나 급등하는 일이 많지 않기 때문에 처음 주식 투자를 하시는 분들이 안정적으로 매매할 수 있다는 장점도 있죠.

이런 이유들 때문에 저 역시 처음 주식 매매를 하시는 분들께는 [삼성전자]를 추천해 드리는 편입니다. 또한 골치 아프게 이 종목 저 종목 찾아보지 않아도 [삼성전자] 한 종목만 제대로 매매한다면 충분히 좋은 수익이 가능하고, [삼성전자]라는 주식을 교과서 삼아 주식 매매에 필요한 대부분의 투자 원칙을 배울 수 있기 때문입니다.

그럼 지금부터 좋다고만 막연히 생각하던 [삼성전자]를 왜 매수해야 하는지 알아보고 어떻게 [삼성전자]에 투자해야 성공적인 주식 투자가 가능할 것인지를 자세히 알아보도록 하겠습니다.

01

**우리나라 대장주
[삼성전자]**

　우리나라 주식시장에서 [삼성전자]의 영향력은 절대적입니다. 미국 시장에서 시가총액 1위(20년 6월 30일 기준)는 [애플]이고 우리나라에서 시가총액 1위는 [삼성전자]입니다. 다만 미국 시장은 [애플] 이외에 [마이

종목	기호	거래소	종가	변동 %	시가 총액	거래량
애플	AAPL	나스닥	361.78	2.3%	1.57T	32.53M
마이크로소프트	MSFT	나스닥	198.44	1.07%	1.51T	26.13M
아마존닷컴	AMZN	나스닥	2680.38	-0.46%	1.34T	4.17M
알파벳 A	GOOGL	나스닥	1397.17	2.54%	953.83B	2.25M
알파벳 C	GOOG	나스닥	1394.97	2.58%	951.68B	1.81M
페이스북	FB	나스닥	220.64	2.11%	628.80B	58.35M

〈그림 1-1〉 (미) 시가 총액 순위 (2020년 6월 30일 기준)　　　　　　자료 : investing.com

크로소프트]와 [아마존] 등이 근소한 차이로 1, 2, 3위를 다투고 있어 확실한 대장주가 없는 반면 우리나라 코스피 시장에서는 [삼성전자]와 [삼성전자우](삼성전자 우선주: 의결권이 없는 대신 보통주보다 높은 배당률을 지급하는 주식)의 시가총액 합이 약 353조원으로 코스피 시가총액 1~10위 중 [삼성전자]와 [삼성전자우]를 제외한 나머지 8종목의 시가총액을 합한 약 303조원보다 많습니다.

　[삼성전자](우선주 포함)가 코스피 전체 시가총액의 약 4분의 1(25%)을 차지하고 있기 때문에 미국 시장에서 [애플]이 1% 움직일 때 전체 지수에 끼치는 영향보다 우리나라 시장에서 [삼성전자]가 1% 움직일 때 전체 지수에 미치는 영향력이 더 클 수밖에 없는 거죠.

　또한 외국계 패시브펀드 자금이 우리나라 주식시장에 유입될 때는

순위	종목명	현재가	전일대비	등락률	거래량	거래비중	시가총액	시가총액비	체결강도
1	삼성전자	52,800 ▲	400	+0.76%	21,054,800	7.43	315,204,519	21.41%	84.80
2	SK하이닉스	85,100 ▲	1,500	+1.79%	4,961,536	2.83	61,953,001	4.20%	138.82
3	삼성바이오로직	775,000 ▼	9,000	-1.15%	229,274	1.17	51,277,875	3.48%	80.49
4	NAVER	267,000 ▲	3,000	+1.14%	836,418	1.47	43,858,326	2.97%	100.86
5	셀트리온	306,000 ▼	5,000	-1.61%	1,498,257	3.04	41,291,452	2.80%	80.65
6	삼성전자우	46,500 ▲	450	+0.98%	2,130,609	0.65	38,264,232	2.59%	103.92
7	LG화학	490,500 ▲	1,000	+0.20%	440,094	1.44	34,625,544	2.35%	71.57
8	삼성SDI	363,500 ▲	500	+0.14%	389,779	0.94	24,995,907	1.69%	84.32
9	카카오	267,500	0	0%	619,843	1.10	23,486,502	1.59%	77.65
10	삼성물산	116,000 ▼	500	-0.43%	437,669	0.33	21,678,901	1.47%	65.49
11	LG생활건강	1,346,000 ▲	46,000	+3.54%	75,978	0.68	21,022,093	1.42%	168.04
12	현대차	97,700	0	0%	978,635	0.63	20,875,382	1.41%	79.35
13	SK	291,000 ▼	2,000	-0.68%	912,474	1.77	20,474,846	1.39%	81.84
14	엔씨소프트	891,000 ▲	1,000	+0.11%	96,142	0.57	19,561,034	1.32%	77.95
15	현대모비스	192,000	0	0%	252,774	0.32	18,250,501	1.23%	86.80

〈그림 1-2〉 코스피 시가총액 순위 (2020년 6월 30일 기준)　　　　　　　　자료 : 키움증권

시가총액 비중에 따라 기계적으로 매수하기 때문에 MSCI KOREA(standard)와 MSCI EM지수를 추종하는 자금은 [삼성전자]와 [삼성전자우]를 다른 종목에 비해 더 많이 매수할 수밖에 없습니다. 그렇기 때문에 외국인들이 우리나라 시장을 매수하면 [삼성전자] 위주로 상승하는 흐름이 나오게 되는 겁니다.

여기서 잠깐

액티브 펀드(Active fund)와 패시브 펀드(Passive fund)

액티브 펀드는 말그대로 시장 수익률을 초과하는 수익률을 목표로 삼고 적극적으로 매수·매도하면서 운용하는 펀드로 운용사나 펀드매니저의 역량에 따라 수익률이 차이 납니다. 패시브 펀드는 특정 주가 지수에 속한 주식을 매수해 지수와 같은 수익률을 내도록 운영하는 펀드로 펀드매니저의 판단이나 개입이 거의 없습니다. 대표적인 패시브 펀드로는 인덱스 펀드와 ETF(상장지수펀드)가 있습니다. 그럼 액티브 펀드와 패시브 펀드 중 어느 것이 더 좋을까요? 투자자라면 누구나 궁금해할 이야기지만 아쉽게도 어느 쪽이 더 좋다고 확실하게 말씀드리기 어렵습니다. 왜냐하면 시장 상황에 따라 어느 기간에는 액티브 펀드의 수익률이 더 좋고 또 어떤 기간에는 패시브 펀드의 수익률이 더 좋기 때문입니다.

따라서 시장이 일시적으로는 변동이 커질 수 있지만 장기적으로는 상승한다고 믿고 시장 수익률 정도만 안정적으로 내길 원하시는 분이라면 패시브 펀드에 투자하시고 좀 더 공격적으로 시장 수익률 이상의 수익을 추구하시는 분이라면 액티브 펀드를 선택하시는 것도 방법이 될 것 같습니다.

또한 코스피 지수 시가총액의 25%를 차지하고 있다는 뜻은 [삼성전자]가 10% 상승할 때 코스피에 속하는 다른 모든 종목이 하락하거나 상승하지 않고 전일과 동일한 가격에 멈춰 있다고 가정하면 [삼성전자]의 힘으로만 코스피 지수를 2.5%나 상승시킬 수 있다는 것이므로 [삼성전자]의 움직임에 따라 코스피 지수가 움직인다고 해도 과언이 아닐 겁니다.

〈그림 1-3〉 코스피지수와 [삼성전자]의 유사한 주가 흐름　　　　　　자료 : 키움증권

그렇기 때문에 앞의 차트에서 본 것처럼 [삼성전자](녹색선)의 주가 움직임과 코스피 지수(빨간선)의 주가 움직임이 유사한 흐름을 보이는 것을 확인할 수 있습니다.

이처럼 [삼성전자]는 명실상부한 우리나라 대장주로서 [삼성전자]를 매수한다는 것은 코스피 지수를 매수한다는 의미이고 더 크게 보면 대한민국에 투자하는 것이라고 볼 수 있습니다. 우리나라의 경제 규모가 성장함에 따라 주식시장이 장기적으로 우상향 한다고 본다면 코스피 지수와 동행하는 흐름을 보이는 [삼성전자]는 주식 포트폴리오에 반드시 포함해야 할 종목일 겁니다. 처음 주식 투자를 시작할 때 [삼성전자]를 매수해서 대한민국의 미래에 투자하는 것도 나쁘진 않겠죠.

02

경쟁력 있는
[삼성전자]의 사업 부문

많은 분들이 [삼성전자]라고 하면 막연하게 반도체와 스마트폰 사업만 생각하시는데 사실 [삼성전자]는 본사를 거점으로 한국 및 CE, IM 부문 산하 해외 9개 지역 총괄과 DS 부문 산하 해외 5개 지역 총괄의 생산·판매법인, 하만(Harman) 산하 종속기업 등 244개의 종속기업으로 구성된 글로벌 전자 기업으로 다양한 부문에서 세계 1등 경쟁력을 갖춘 제품을 생산 판매하고 있습니다.

[삼성전자]를 매수하기 전에 최소한 어떤 분야에서 사업을 진행하고 있는지, 현재 시장 상황과 앞으로의 비전이 무엇인지 정도는 알고 투자해야겠죠? 우선 [삼성전자]의 부문별 주요 제품과 각 부문별 매출 비중은 다음과 같습니다.

부문		주요 제품
CE 부문		TV, 모니터, 냉장고, 세탁기, 에어컨 등
IM 부문		HHP, 네트워크시스템, 컴퓨터 등
DS 부문	반도체 사업	DRAM, NAND Flash, 모바일 AP 등
	DP 사업	OLED 스마트폰 패널, LCD TV 패널, 모니터 패널 등
Harman 부문		디지털 콕핏, 텔레메틱스, 스피커 등

자료 : 금융감독원 전자공시시스템(DART)

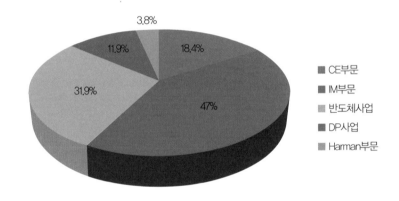

20년 1분기 삼성전자 매출 비중   자료 : 금융감독원 전자공시시스템(DART)

그럼 삼성전자의 각 부문별로 구체적으로 어떤 일을 하고 있고 향후 전망이 어떻게 되는지 [삼성전자]의 2020년 분기보고서를 참고해서 살펴보도록 하겠습니다.

IM부문

우선 매출 비중이 가장 높은 IM 부문부터 살펴보겠습니다.

IM 부문은 쉽게 말해서 휴대폰, 그러니까 '갤럭시' 시리즈로 유명한 스마트폰 사업을 영위하는 부문으로 생각하시면 됩니다. [삼성전자]는 휴대폰 시장에서 글로벌 1위의 위상을 유지하고 있으며 특히 스마트폰은 2011년 이후 현재까지 9년 연속 글로벌 1위의 입지를 확고히 하고 있습니다. 2019년에 세계 최초로 5G 스마트폰을 출시한 이후 폴더블 디스플레이를 탑재한 '갤럭시 폴드'와 2020년에는 상하로 접히는 '갤럭시 Z 플립'을 출시하며 휴대폰 시장을 선도하고 있습니다.

〈그림 1-5〉 IM 부문 주요 제품 시장점유율 추이

제품	2020년 1분기	2019년	2018년
HHP	17.2%	17.5%	17.4%

자료 : 금융감독원 전자공시시스템(DART), Strategy Analytics 세계시장 점유율(수량 기준)

또한 태블릿과 웨어러블(Wearable) 액세서리 등의 제품과 함께 삼성페이(Samsung Pay), 삼성헬스(Samsung Health), 빅스비(Bixby), 스마트싱스(SmartThings) 등 다양한 미래 성장 동력이 될 수 있는 스마트폰 기반 소프트웨어 사업 또한 적극적으로 육성하고 있습니다.

CE 부문

CE 부문은 소위 '백색가전', '갈색가전'으로 불리는 TV, 생활 가전 분야라고 생각하시면 됩니다. 그중 주요 제품인 TV 산업은 평판 디스플레이(Flat Panel) TV 출시와 디지털 방송의 확산 덕분에 지속적으로 성장세를 이어가고 있습니다. 2010년 3D TV와 2011~2012년 스마트TV를 거쳐 최근에는 화질 및 해상도가 혁신적으로 높아진 UHD TV와 새로운 형태의 TV인 커브드(Curved) TV가 출시되었고 퀀텀닷 TV를 상용화하는 등 지금도 TV 시장은 끊임없이 진화하고 있습니다.

〈그림 1-6〉 CE부문 주요 제품 시장점유율 추이

제품	2020년 1분기	2019년	2018년
TV	31.9%	30.9%	29.0%

자료 : 금융감독원 전자공시시스템(DART), Omdia 세계시장 점유율(금액 기준)

[삼성전자]는 2006년 이후 2019년까지 14년 연속 TV 판매 1위를 달성했고 2019년의 전체 TV 수요는 2억2291만 대로 고해상도 대형화면에 대한 수요가 지속적으로 증가하면서 UHD TV는 전년 대비 20% 증가하였으며 75인치 이상 초대형 TV 시장도 전년 대비 약 88% 성장하였습니다. 또한 QLED 연간 수요도 프리미엄 수요층이 확대돼 전년 대비 약 105% 성장하는 모습을 보여 주었습니다.

이런 추세는 2020년에도 지속될 것으로 보이며 8K 라인업 확대 및 한층 강화된 QLED 제품 경쟁력을 기반으로 하는 프리미엄TV 전략을 통해 초대형 시장에 대한 지배력을 넓혀 나갈 것으로 보입니다.

반도체 사업

반도체는 일반적으로 정보를 저장하는 용도로 사용되는 '메모리 반도체'와 연산이나 논리와 같은 정보 처리를 목적으로 사용되는 '비메모리 반도체'로 구분됩니다.

메모리 반도체 종류에는 컴퓨터의 주기억장치, 응용프로그램의 일시적 로딩(loading), 데이터의 일시적 저장 등에 사용되는 램(RAM)과 전원이 꺼져도 데이터가 지워지지 않아 입출력시스템이나 IC카드 등에 사용되는 롬(ROM)이 있습니다.

비메모리 반도체는 종류가 매우 다양하며 제품별로 기술 집약적인 요소가 매우 강하기 때문에 소량 생산에도 불구하고 많은 이윤을 남길 수 있는 특징이 있습니다. 그중 가장 대표적인 것이 PC용 CPU(중앙연산장치)와 스마트폰 태블릿용 AP(응용프로세서)로, 비메모리 시장의 규모는 메모리 시장의 두 배 이상입니다. [삼성전자]는 세계 반도체 1위 기업으로 특히 메모리 반도체 분야에서 압도적인 점유율 1위를 기록하고 있습니다.

최근 데이터센터 중심의 서버 수요가 증가함에 따라 D램 시장이 꾸

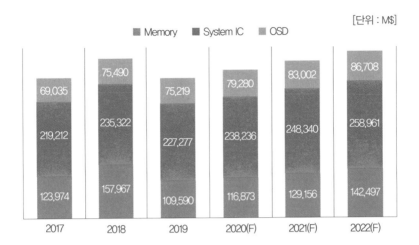

[단위 : M$]

■ Memory　■ System IC　□ OSD

	2017	2018	2019	2020(F)	2021(F)	2022(F)
OSD	69,035	75,490	75,219	79,280	83,002	86,708
System IC	219,212	235,322	227,277	238,236	248,340	258,961
Memory	123,974	157,967	109,590	116,873	129,156	142,497

〈그림 1-7〉 세계 반도체 시장 규모　　　　자료 : 한국반도체산업협회. WSTS 2019 2Q

준히 성장하고 클라우드 서비스(Cloud Service) 확대로 SSD 수요 증가 그리고 PC의 고용량화, 5G 도입 및 게임 스트리밍(Game Streaming) 서비스 등 신규 수요가 지속적으로 증가하고 있습니다. 이 덕분에 공급 과잉에 따른 가격 하락이 완화되고 있는 상황입니다.

〈그림 1-8〉 반도체 사업 주요 제품 시장점유율 추이

제품	2020년 1분기	2019년	2018년
DRAM	44.1%	43.7%	43.9%

자료 : 금융감독원 전자공시시스템(DART). DRAMeXchange 세계시장 점유율(금액 기준)

또한 업계 최초로 EUV 공정을 D램 양산에 적용했습니다. 이는 차세

대 D램 개발에 필요한 핵심 기술을 확보해 반도체 미세 공정의 한계를 돌파했다는 의미이며 머신러닝 등의 인공지능(AI) 시스템과 차세대 슈퍼 컴퓨터에 적합한 차세대 초고속 D램(HBM2E)의 공급을 본격적으로 확대하고 있습니다. 또한 6세대 적층제품 개발에 성공한 V-낸드를 고성능 SSD에 탑재해 프리미엄 시장에 진입할 예정이므로 메모리 반도체 1위 업체로서 시장을 지속적으로 선도해 나갈 전망입니다.

또한 시스템 반도체 분야에 2030년까지 133조원을 투자해 메모리 반도체에 이어 시스템 반도체 분야에서도 1위 자리에 오르겠다는 '반도체 2030 비전'을 선포했습니다. 이에 따라 현재 대만의 TSMC에 이어 세계 2위인 시스템 반도체 분야에서도 영향력을 확대해 나가고 있습니다. 최근에는 세계적인 기업인 퀄컴의 최신 AP칩과 엔비디아의 그래픽처리장치(GPU) 물량 등을 가져오면서 그 가능성을 입증하고 있습니다.

DP 사업

DP 사업은 OLED와 TFT-LCD로 대표되는 디스플레이 사업을 하고 있는 분야입니다. OLED는 스스로 빛을 내는 유기물질을 이용한 화면표시 장치로 [삼성전자]는 2007년 세계 최초로 OLED 제품 상용화에 성공한 이후 현재까지 중소형 OLED 시장에서 독보적인 점유율을 유지하고 있습니다. 특히 스마트폰용 디스플레이를 주력 사업으로 영위하고 있습니다.

<그림 1-9> DP사업 주요 제품 시장점유율 추이

제품	2020년 1분기	2019년	2018년
스마트폰패널	47.5%	43.6%	47.6%

자료 : 금융감독원 전자공시시스템(DART). Omdia의 세계시장 점유율(금액 기준)

스마트폰 이외에도 폴더블, 태블릿, 스마트워치, 노트북 등으로 그 영역을 넓혀가면서 OLED 패널 시장에서 주도권을 확보하기 위한 치열한 경쟁을 이어가고 있습니다.

하만 부문

하만 부문은 크게 디지털 콕핏, 텔레메틱스 등의 자동차 전장 부품과 헤드폰, 커넥티드 홈 등과 같은 소비자 오디오 산업 그리고 대규모 공연장의 오디오 등과 같은 프로페셔널 오디오 산업을 영위하고 있습니다.

특히 자동차 전장 부품 시장에서 선도적인 역할을 하고 있는데 자동차 제조사들이 자율주행 자동차와 친환경 자동차 같은 기술 발전에 집중하면서 앞으로도 전장 부품 산업의 커넥티드카 분야는 지속적으로 성장하리라 기대됩니다.

<그림 1-10> 하만 부문 제품 시장점유율 추이

제품	2020년 1분기	2019년	2018년
디지털 콕핏	30.0%	24.8%	18.8%

자료 : 금융감독원 전자공시시스템(DART). Omdia와 LMC 활용 추정치

03

[삼성전자]의 배당 매력

한국은행 금융통화위원회는 코로나19가 원인인 경기 침체의 영향으로 1.25%였던 기준금리를 2020년 3월과 5월 두 번에 걸쳐 각각 0.5%포인트와 0.25%포인트 인하해 현재 기준금리 0.5%로, 사상 첫 0%대 금리를 유지하고 있습니다.

이 때문에 20년 5월 신규 취급액 기준으로 은행권 정기예금 금리가 0%대인 상품의 비중이 역대 최대인 31.1%로 늘어났습니다. 이런 상황에서 [삼성전자] 주식을 보유하고 있으면 주가 상승으로 발생하는 수익 이외에도 연 3~4%에 달하는 배당 수익을 안전하게 받을 수 있으니 여윳돈을 은행에 저금하기보다 [삼성전자] 주식을 적금처럼 매수하신다는 분들이 많습니다.

배당이 뭔가요?

배당이란 기업이 일정 기간 영업활동으로 벌어들인 이익금의 일부 또는 전부를 해당 기업의 주식을 가지고 있는 사람에게 그 소유 지분의 비율에 따라 분배하는 것입니다. 배당은 재무상태표의 이익잉여금 범위 안에서만 할 수 있기 때문에 당기순손실이 누적돼 이익잉여금이 마이너스(-, 결손금)의 형태로 나타날 경우에는 배당을 할 수 없습니다.

따라서 배당을 받는 게 목적이라면 견실한 사업 운영을 통해 꾸준히 영업이익을 창출하는 회사를 선택하는 것이 중요합니다. [삼성전자]는 매출 10조원, 영업이익 10조원 이상만 가입할 수 있는 '10-10 빌리언 클럽' 자격을 2012년 이후 7년 연속 유지하고 있으니 우리나라에서 [삼

구 분	주식의 종류	당기 제52기 1분기	전기 제51기	전전기 제50기
주당액면가액(원)		100	100	100
(연결)당기순이익(백만원)		4,889,599	21,505,054	43,890,877
(별도)당기순이익(백만원)		2,305,931	15,353,323	32,815,127
(연결)주당순이익(원)		720	3,166	6,461
현금배당금총액(백만원)		2,404,605	9,619,243	9,619,243
주식배당금총액(백만원)		–	–	–
(연결)현금배당성향(%)		49.2	44.7	21.9
현금배당수익률(%)	보통주	0.8	2.6	3.7
	우선주	0.9	3.1	4.5
주식배당수익률(%)	보통주	–	–	–
	우선주	–	–	–
주당 현금배당금(원)	보통주	354	1,416	1,416
	우선주	354	1,417	1,417
주당 주식배당(주)	보통주	–	–	–
	우선주	–	–	–

〈그림 1-11〉 [삼성전자] 배당성향   자료 : 금융감독원 전자공시시스템(DART)

성전자] 만큼 꾸준히 영업이익을 창출하는 회사도 없습니다. 또한 1년에 네 번 분기별로 분기배당을 실시하고 있고 현금배당성향도 2018년 21.9%에서 2019년 44.7% 그리고 2020년 1분기 49.2%로 늘어나고 있는 추세이므로 안정적인 배당 수익이 가능하다고 평가받습니다.

여기서 잠깐

배당성향이 높다고 배당금을 많이 받는 건 아니에요

배당성향은 기업의 당기순이익 중 현금으로 지급된 배당금 총액의 비율을 나타내는 것으로

$$배당성향 = \frac{배당금}{세공제\ 후\ 당기순이익} \times 100$$

으로 산출합니다. 예를 들어 A회사가 당기순이익 1000억원 중에서 배당금으로 300억원을 지급했다면 A회사의 배당성향은 30%가 되는 겁니다.

따라서 배당성향이 높다고 해도 당기순이익의 규모가 작다면 실제로 배당받는 금액은 적을 수밖에 없습니다. 이때 확인해볼 지표가 '배당수익률'인데 이것을 보면 실제로 투자했을 때 얼마나 배당 수익을 올릴 수 있는지 알 수 있습니다.

$$배당수익률 = \frac{1주당\ 배당금}{현재\ 주식가격} \times 100$$

예를 들어 B회사의 주가가 10만원이고 1주당 배당금이 1만원이라고 하면 배당수익률은 10%가 되는 겁니다. 따라서 500만원을 B회사에 투자했다면 50만원의 배당 수익을 기대해볼 수 있겠죠.

배당은 어떻게 받아요? 언제까지 사면 되는 거죠?

그럼 배당을 받기 위한 자격 조건이라든가 아니면 [삼성전자]에 따로 신청해야 하는 게 있을까요?

[삼성전자] 배당을 받으려면 [삼성전자] 주식을 사서 기다리시는 것 이외에는 아무런 자격 조건도 특별히 하셔야 할 일도 없습니다. 매 분기말 배당기준일(3월 31일, 6월 30일, 9월 30일, 12월 31일)에 [삼성전자] 주식을 가지고 계신 분께는 대부분 해당 분기 다음 달에 이사회결의를 통해 1주당 배당금액을 결정하고 이사회결의일로부터 30일 이내에 주식계좌로 소득세 14%와 주민세 1.4%(총 15.4%)를 원천징수 한 후 배당금이 입금됩니다.

실제 20년 1분기 현금현물배당 결정 공시를 살펴보죠. 여기서 우리가 배당을 받을 때 신경 써서 봐야 할 부분은 우선 6번 항목입니다. 배당기준일이 3월 31일이기 때문에 31일 장 종료 전까지만 주식을 사면 된다고 오해하기 쉽습니다. 그러나 배당기준일에 주식을 보유하고 있어야 하고 주식 결제일은 'D+2일'이기 때문에 최소 '영업일+2일' 전에 [삼성전자] 주식을 매수하셔야 합니다.

현금·현물배당 결정

1. 배당구분		분기배당
2. 배당종류		현금배당
- 현물자산의 상세내역		-
3. 1주당 배당금(원)	보통주식	354
	종류주식	354
- 차등배당 여부		미해당
4. 시가배당율(%)	보통주식	0.8
	종류주식	0.9
5. 배당금총액(원)		2,404,604,914,500
6. 배당기준일		2020-03-31
7. 배당금지급 예정일자		2020-05-19
8. 주주총회 개최여부		미개최
9. 주주총회 예정일자		-
10. 이사회결의일(결정일)		2020-04-29
- 사외이사 참석여부	참석(명)	6
	불참(명)	0
- 감사(사외이사가 아닌 감사위원) 참석여부		참석
11. 기타 투자판단과 관련한 중요사항		
- 상기 3, 4항의 종류주식은 우선주를 의미함. - 상기 4항의 시가배당율은 배당기준일 전전거래일(배당부 종가일)부터 과거 1주일간의 거래소시장에서 형성된 최종가격의 산술평균가격에 대한 1주당 배당금의 비율임. - 상기 7항의 배당금지급 예정일자 관련, 자본시장법 165조의12의 규정에 의거 이사회결의일로부터 20일 이내에 지급 예정임. - 상기 10항의 감사는 감사위원회 위원을 의미함.		
※ 관련공시		-

〈그림 1-12〉 20년 1분기 [삼성전자] 현금현물배당 결정 공지 자료 : 금융감독원 전자공시시스템(DART)

<표 1-1> 삼성전자 1분기 배당 매수 시점

2020년 3월						
일	월	화	수	목	금	토
22	23	24	25	26	㉗ ← 28	
㉙ ← 30 → ㉛						

예를 들어 20년 1분기 배당을 받으려면 배당기준일인 3월 31일(화)의 2일 전일 29일(일)까지 매수하면 되지만 29일(일)과 28일(토)이 주말이기 때문에 직전 영업일인 27일(금) 장 종료 전까지는 매수하셔야 [삼성전자] 분기 배당을 받으실 수 있는 겁니다.

아래 표에 2021년에 [삼성전자] 분기 배당을 받으려면 매수해야 하는 시점을 정리해 놓았습니다. [삼성전자] 매수를 고려하시는 분들은 이왕이면 배당받으실 수 있도록 분기별 날짜를 확인하고 매수하시는 게 좋겠죠.

<표 1-2> [삼성전자] 2021년 분기배당 매수시점

	매수시점	배당락일	배당기준일
21년 1분기(3월)	3월 29일(월)	3월 30일(화)	3월 31일(수)
21년 2분기(6월)	6월 28일(월)	6월 29일(화)	6월 30일(수)
21년 3분기(9월)	9월 28일(화)	9월 29일(수)	9월 30일(목)
21년 4분기(12월)	12월 28일(화)	12월 29일(수)	12월 30일(목)

그 다음에는 7번 항목을 확인해 보시면 됩니다. 7번 항목에 있는 '배당금지급 예정일자'에 실제 배당금이 주식계좌로 들어오기 때문에 그 날짜에 제대로 들어왔는지 확인해 보시면 되겠죠. 만약 '배당금지급 예정일자'가 적혀 있지 않다면 상법상 이사회 결의일로부터 1개월 이내에 지급하기로 되어 있으므로 날짜를 계산해 보시면 됩니다.

또한 3번 항목에 1주당 배당금액이 나와 있으므로 내가 받게 될 배당금액이 얼마 정도 되는지 미리 계산해 봐야겠죠? 여기서 '종류주식'이란 우선주, 그러니까 [삼성전자우]를 보유하고 계신 분들이 받게 되는 1주당 배당금을 의미합니다.

원래 '우선주'가 의결권이 없는 대신 배당 매력이 있는 것인데 왜 배당금액이 같으냐고 생각하는 분도 계실 것 같습니다. 배당금액은 같지만 [삼성전자] 주식 가격이 [삼성전자우] 가격보다 높기 때문에 동일한 투자금이라면 [삼성전자우]를 더 많이 살 수 있어서 배당 매력이 높아지게 되는 겁니다.

예를 들어 20년 7월 1일의 [삼성전자] 종가가 5만2600원이고 [삼성전자우]의 종가가 4만6100원이기 때문에 1000만원 정도 매수한다고 가정하면 [삼성전자]는 190주를 사서 배당을 6만7260원(세전)을 받을 수 있지만 [삼성전자우]는 216주를 사서 배당을 7만6464원을 받으실 수 있는 겁니다.

5년 전인 2015년 7월 1일 [삼성전자]를 1000만원만큼

매수했다면 지금 얼마나 수익이 났을까?

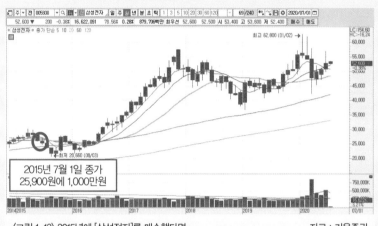

〈그림 1-13〉 2015년에 [삼성전자]를 매수했다면　　　　　　자료 : 키움증권

2015년 7월 1일의 종가인 2만5900원에 [삼성전자]를 1000만원만큼 매수했다고 가정하면(2018년 5월 액면분할 이전 가격은 액면분할 한 것으로 적용해서 계산) 총 386주의 [삼성전자] 주식을 매수할 수 있었 겠죠.

우선 지난 5년간의 배당수익을 확인해 봅니다.

〈표 1-3〉 1000만원 매수 시 [삼성전자] 지난 5년간 배당수익

	2015년	2016년	2017년	2018년	2019년	2020년 2분기까지
배당금	421원	570월	851원	1,416원	1,416원	708원
보유 주식수	386	386	386	386	386	386
배당수익 (세전)	162,506원	220,020원	328,486원	546,576원	546,576원	273,288원
배당수익 (세후)	137,480원	186,137원	277,899원	462,403원	462,403원	231,202원

1000만원 투자로 지난 5년간 배당 수익으로만 세전 207만7452원, 세후 175만7524원이 나왔습니다. 5년간의 세후 배당수익이 총 17.6%이기 때문에 연간으로 계산하면 1년에 약 3.5%의 배당수익을 기록한 것과 같습니다. 또한 [삼성전자]의 주가 상승 차익을 계산해 보면 2020년 7월 1일 종가인 5만2600원을 기준으로 103.1% 가량 상승해 1030만8880원의 시세차익을 거둘 수 있었습니다(세금, 수수료 제외).

배당수익과 시세차익으로 발생한 수익을 더해보면 지난 5년간 1206만6405원이므로 약 120.6%의 수익률을 기록했고 이를 연간 수익으로 계산하면 약 24.1%의 수익률입니다. 1000만원 투자해서 5년에 120.6%, 1년에 평균 약 24.1%의 수익률을 주는 투자처가 [삼성전자] 말고 또 있을까요?

[삼성전자]에 제대로 투자해 보고 싶어요

Q 이제 [삼성전자]를 왜 사야 하는지 알 것 같습니다. 그래서 이제부터라도 [삼성전자]를 제대로 분석해서 투자해 보고 싶은데, 주식은 처음이라 어디서부터 공부해야 할지 모르겠습니다. 어떻게 공부할까요?

A 우리가 흔히 이야기하는 '사주팔자'에서 '사주(四柱)'는 네 가지 기둥을 의미하는 것으로 그 사람의 태어난 해(생년), 태어난 월(생월), 태어난 날(생일), 태어난 시(생시)를 각각 하나의 기둥으로 본 것입니다. 이 네 가지 기둥이 한 사람의 운명을 지탱한다고 보았습니다.

저는 주식 시장에서 성공적으로 투자하려면 마찬가지로 네 가지의 든든한 기둥이 투자자를 지탱해 주어야 한다고 보고 있습니다. 주식 투자에서 네 가지 기둥이란 '기본적 분석', '기술적 분석', '자금관리' 그리고 '마인드관리'입니다. 따라서 초보 투자자는 [삼성전자]로 주식 투자의 사주를 공부하는 것을 목표로 삼으시면 됩니다.

Q 정보도 중요하잖아요. [삼성전자]에 대한 자세한 정보를 찾아보고 싶은데 어디서 찾아야 할지 모르겠어요. 어디서 확인해야 하죠?

Ⓐ [삼성전자]와 관련된 자료를 확인해 보시고 싶으신 분들은 금융감독원 전자공시시스템 '다트'(http://dart.fss.or.kr/)와 [삼성전자]에 관련된 소식을 다루는 대표적 소통 채널인 '삼성전자 뉴스룸'(news.samsung.com/kr) 사이트를 확인해 보시는 것이 좋습니다.

우선 금융감독원 전자공시시스템인 다트를 이용하는 방법을 같이 알아보도록 하겠습니다. 우선 네이버나 구글 같은 포털 사이트에 '다트 전자공시'라고 검색해 보면 아래와 같은 화면이 나올 겁니다.

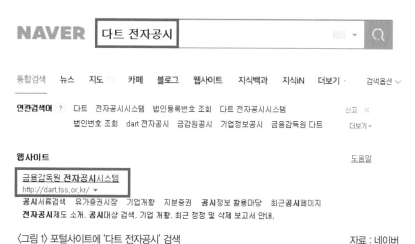

〈그림 1〉 포털사이트에 '다트 전자공시' 검색　　　　　　　　　　　자료 : 네이버

이때 가장 위에 나오는 '금융감독원 전자공시시스템'이라는 링크를 클릭해서 들어가시면 다음과 같은 화면이 나오는데,

〈그림 2〉 다트 초기화면   자료 : 금융감독원 전자공시시스템(DART)

여기서 회사명에 '삼성전자'라고 적고 검색 버튼을 누르면 다음과 같이 [삼성전자]와 관련된 공시 내용이 나옵니다. 이때 확인하고자 히는 보고서명을 클릭하면 관련된 자세한 내용을 볼 수 있습니다.

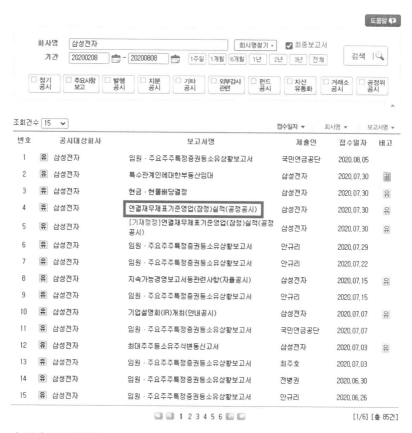

〈그림 3〉 다트 검색화면 1
　　　　　　　　　　　　　자료 : 금융감독원 전자공시시스템(DART)

　　예를 들어 '연결재무제표기준영업(잠정)실적(공정공시)'를 클릭하면 다음과 같은 새로운 창이 열리면서 관련된 내용을 확인할 수 있는 거죠.

연결재무제표 기준 영업(잠정)실적(공정공시)

※ 동 정보는 잠정치로서 향후 확정치와는 다를 수 있음.

1. 연결실적내용　　　　　　　　　　　　단위 : 억원, %

구분		당기실적 ('20.2Q)	전기실적 ('20.1Q)	전기대비증감율(%)	전년동기실적 ('19.2Q)	전년동기대비증감율(%)
매출액	당해실적	529,661	553,252	-4.26	561,271	-5.63
	누계실적	1,082,913	553,252	-	1,085,126	-0.20
영업이익	당해실적	81,463	64,473	26.35	65,971	23.48
	누계실적	145,936	64,473	-	128,304	13.74
법인세비용차감전계속사업이익	당해실적	77,696	67,569	14.99	71,794	8.22
	누계실적	145,265	67,569	-	140,924	3.08
당기순이익	당해실적	55,551	48,849	13.72	51,806	7.23
	누계실적	104,400	48,849	-	102,242	2.11
지배기업 소유주지분 순이익	당해실적	54,890	48,896	12.26	50,645	8.38
	누계실적	103,786	48,896	-	101,720	2.03
-	-	-	-	-	-	-
2. 정보제공내역	정보제공자	IR팀				
	정보제공대상자	국내외 투자자 및 언론 등				
	정보제공(예정)일시	2020년 7월 30일 오전 10시 예정				
	행사명(장소)	2020년 2분기 삼성전자 경영설명회 - Conference Call - 한국어/영어 동시 진행				
3. 연락처(관련부서/전화번호)		IR팀 (02-2255-9000)				
4. 기타 투자판단과 관련한 중요사항						

- 상기 내용 중 2020년 2분기 당해 및 누계실적은 삼성전자 본사, 자회사 및 관계사 등에 대한 외부감사인의 회계검토가 완료되지 않은 상태에서 작성된 자료이므로, 그 내용 중 일부는 회계검토 과정에서 변경 가능함.

〈그림 4〉 다트 검색화면 2　　　　　　　　자료 : 금융감독원 전자공시시스템(DART)

　또한 이런 공시 자료 이외에 [삼성전자]에 관련된 다양한 뉴스를 빠르게 확인해 보고 싶으신 분은 앞서 말한 '삼성전자 뉴스룸'(news.

samsung.com/kr) 사이트를 이용하는 게 좋습니다. 우선 네이버나 구글 같은 포털 사이트에 '삼성전자 뉴스룸'이라고 검색하면, 다음과 같은 화면이 나옵니다.

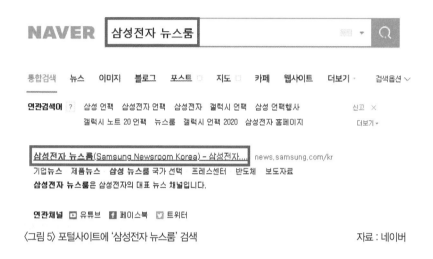

〈그림 5〉 포털사이트에 '삼성전자 뉴스룸' 검색   자료 : 네이버

이때 마찬가지로 가장 위에 나오는 '삼성전자 뉴스룸'을 클릭하면 다음과 같은 화면이 나옵니다.

〈그림 6〉 '삼성전자 뉴스룸' 홈페이지　　　　　　　　　자료 : 삼성전자 뉴스룸

　　이곳에서 [삼성전자] 기업 관련 뉴스와 보도자료는 물론이고 [삼성전자]에서 판매하는 모바일, TV, 가전, 심지어 반도체 같은, 모든 제품에 대한 소식을 확인할 수 있습니다. 또한 [삼성전자] 임직원들이 전하는 각종 이야기와 [삼성전자]와 관련된 전문적인 칼럼 등을 확인해볼 수 있어서 [삼성전자]의 과거와 현재 그리고 [삼성전자]가 꿈꾸는 미래를 한눈에 볼 수 있습니다.

Part 2

[삼성전자]와
기본적 분석

그럼 본격적으로 [삼성전자]에 대해 공부하기 위해 이번 장에서는 주식 투자의 네 가지 기둥 중 하나인 '기본적 분석'을 알아보도록 하겠습니다.

기본적 분석에 대해 말씀드리면 대부분의 초보 투자자 분은 무작정 어렵게만 생각해서 피하시거나 아니면 '꼭 기본적 분석을 할 필요가 있는 것인가'라고 그 필요성에 의문을 가지십니다.

기본적인 분석은 쉽게 말해 막연하게 생각하던 회사의 현재 상황이나 미래 성장 가능성 등을 숫자로 확인하는 작업이라고 보시면 됩니다. '이 회사는 적어도 망하지는 않을 거야'라는 말보다는 부채비율이 ○○% 이하이고 유보율이 ○○%가 넘기 때문에 위기 상황이 와도 쉽게 망하지 않을 것이라고 말하는 편이, 그리고 '앞으로 잘될 거야'라고 말하기보다는 이 회사는 매년 ○○%씩 영업 이익이 증가하고 있기 때문에 이 추세라면 몇 년 뒤에는 회사 규모가 ○배 이상 커질 것이라고 말하는 편이 더 설득력이 있지 않을까요?

이렇게 회사에 대한 기본적 분석을 탄탄하게 진행해서 매수에 진입한다면 만약 주가가 외부의 영향을 받아 일시적으로 흔들린다 하더라도 회사의 가치를 믿고 버틸 수 있게 도와주는 힘이 되어줄 것입니다.

물론 본격적으로 파고들면 상당히 어렵고 복잡합니다. 소위 말해 머리 아픈 일이지만 주식 투자에 필요한 기본적 분석은 그렇게 어렵지 않습니다. 오히려 공부하시다 보면 실생활에서 우리도 모르게 활용하고 있었던 부분이 많이 보이니 이번 기회에 한번 정리하고 넘어가면 분명히 도움이 되실 겁니다.

그럼 지금부터 우리가 주식 투자를 하기 위해 알아야 할 기초적인 '기본적 분석'의 내용과 활용 방안을 자세히 알아보도록 하겠습니다.

01

기본적 분석이 뭔가요?

기본적 분석에서 주식가격(주가)이란 '기업의 진정한 가치가 기업의 내적·외적 요인에 영향을 받는 것'이라고 정의합니다. 이에 따라 기본적 분석가들은 이러한 기업의 내적·외적 상황을 분석해 기업의 내재가치를 파악하고 이를 통해 투자 여부를 결정합니다.

이를테면 기업의 내재가치가 시장 가격보다 높으면 상대적으로 저평가돼 있는 상황이므로 주식을 매수하고 기업의 내재가치가 시장 가격보다 낮다면 상대적으로 고평가돼 있는 상태이므로 주식을 매도하는 식으로 대응하는 겁니다.

우리가 흔히 이야기하는 '가치 투자'는 이러한 기본적 분석으로 이루어집니다. 다만 기본적 분석에도 한계는 존재합니다. 우선 투자자마다

견해가 다르기 때문에 같은 자료에서 다양한 내재가치가 산출될 수 있습니다. 또한 재무제표가 적정하게 작성되지 않았을 가능성이 있고 기업마다 회계처리 기준을 다르게 설정할 우려가 있습니다. 마지막으로 분석하는 데 시간이 오래 소요되는 문제가 있겠죠.

02

주식가격(주가)의 근본, 실적

　실제로 주식 투자를 하다 보면 호재나 악재 뉴스 그리고 수급과 보조 지표, 거래량 등 여러 가지를 근거로 삼아 매수와 매도를 반복하게 됩니다. 그러다 보면 당장 어느 가격에 사서 어느 가격에 팔아야 하는지에 신경을 집중하게 되고 정작 지금의 주가가 이 기업의 적정한 가치를 나타내는지에 대한 고민은 자연스럽게 뒤로 밀리기 마련입니다.

　하지만 근본적으로 주식은 '회사의 주주가 가지는 권리'이고 이 권리의 가치에 따라 주식의 가격 역시 변하게 마련입니다. 그렇기 때문에 회사의 실적이 잘 나와서 회사가 커지면 그에 따라 주가도 오르는 게 당연한 이치인 거죠. 또한 '주식가격(주가) = 1주당 순이익 × 주가수익비율(PER)'로 표현되므로 업종에 따라 비슷한 멀티플(PER, 배수)을 준다고 하면 결국 주당순이익에 따라 주가가 결정될 수밖에 없는 겁니다.

예를 들어 학창 시절을 잠시 떠올려 봅시다. 국영수 등 학업에 대한 기본이 있는 학생은 시험에 따라 성적에 변동이 있을지 몰라도 장기적으로 보면 꾸준히 성적이 상승하는 반면, 기초가 부족한 학생은 운이 좋아 한두 번 시험 성적이 잘 나올 수 있지만 그 흐름이 장기적으로 지속되기 어렵겠죠. 마찬가지로 주가 역시 일시적인 이슈나 수급의 흐름에 따라 변동이 생기지만 결국에는 기업의 기본인 실적에 따라 좋은 기업들은 우상향 하고 나쁜 기업들은 우하향 하는 흐름을 보이게 됩니다.

[삼성전자] 주가 역시 마찬가지입니다. 다음 표와 그래프를 보면 지난

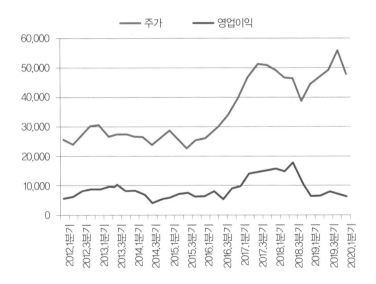

〈표 1-1〉 유사한 흐름의 [삼성전자] 분기별 영업이익과 주가

8년간 [삼성전자]의 분기별 영업이익과 [삼성전자] 주식의 각 분기 말 종가의 움직임이 거의 유사한 흐름을 보인다는 것을 알 수 있습니다.

〈표 1-2〉 [삼성전자] 분기별 영업이익과 분기말 주가

단위: 영업이익(조원), 주가(원)

	2012		2013		2014		2015	
	영업이익	말일주가	영업이익	말일주가	영업이익	말일주가	영업이익	말일주가
1분기	5.69	25,500	8.78	30,540	8.49	26,860	5.98	28,820
2분기	6.46	24,020	9.53	26,840	7.19	26,440	6.9	25,360
3분기	8.06	26,920	10.16	27,340	4.06	23,680	7.39	22,680
4분기	8.84	30,440	8.31	27,440	5.29	26,540	6.14	25,200
	2016		2017		2018		2019	
	영업이익	말일주가	영업이익	말일주가	영업이익	말일주가	영업이익	말일주가
1분기	6.68	26,240	9.9	41,200	15.64	49,220	6.23	44,650
2분기	8.14	28,500	14.07	47,540	14.87	46,650	6.59	47,000
3분기	5.2	31,960	14.53	51,280	17.57	46,450	7.78	49,050
4분기	9.22	36,040	15.15	50,960	10.8	38,700	7.16	55,800

자료 : 금융감독원 전자공시시스템(DART), 키움증권

따라서 기본적 분석으로 [삼성전자]의 영업이익 흐름을 예측하려고 노력해 본다면 이를 토대로 대략적인 주가 흐름도 예측할 수 있을 것입니다.

03

적어도 이 정도는 알아야죠

'기본적 분석'이라고 하면 PER이니 ROE니 하는 생소한 용어들과 복잡한 수식이 나오는 것 같아 미리 겁먹고 피하기 마련입니다. 그러나 이는 이미 우리가 실생활에서 사용하고 있는 개념들로 절대로 어려운 용어가 아닙니다.

예를 들어 우리가 10억원의 자본금을 가지고 A라는 대형음식점을 시작한다고 생각해 봅시다. 운 좋게 창업 첫해부터 연간 2억원의 순이익이 났다고 가정하면 10억원의 자본금을 들여 2억원의 순이익이 난 것이므로 수익률은 20%가 될 것입니다. 그럼 A라는 음식점의 ROE는 20%입니다. 이렇게 투입한 자본금 대비 순이익이 얼마인가를 나타내는 것이 ROE입니다.

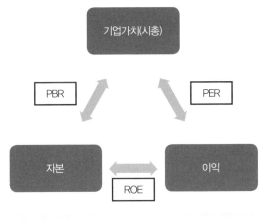

〈표 1-3〉 PER, PBR, ROE의 관계

또 A의 음식점 사업이 승승장구해서 결국 코스닥 시장에까지 상장하게 되고 코스닥 시장에서 시가총액을 20억원 정도로 평가를 받았다면 연간 순이익이 2억원이므로 PER은 10배, 음식점 건물 등에 자본금 10억원을 사용했다고 하면 PBR은 2배가 되는 겁니다.

이해하기 어렵지 않죠? 물론 정확한 계산은 아니지만 대략적인 관계는 이렇게 이해하시면 쉽습니다. PER, PBR, ROE 정도만 알고 있어도 기본적 분석을 하는 데 많은 도움이 됩니다. 일반적으로 PER과 PBR은 낮을수록 저평가된 것으로 보아 투자하기 좋은 기업으로 분류되고 ROE는 높을수록 이익률이 높은 것이기 때문에 투자하기 좋은 기업으로 분류됩니다.

이 정도만 알아도 투자를 결정하는 데 무리가 없으나 조금만 더 욕심

내 PER, PBR, ROE에 대해 자세히 알아봅시다.

PER

주가수익비율(PER)은 현재 주가가 해당 기업의 1주당 수익의 몇 배가 되는지 확인하는 지표로서,

$$PER = 현재주가 \div 주당순이익(EPS)$$

*EPS = 당기순이익 $\div$ 발행주식수

로 계산 가능합니다. PER은 기업의 1주당 수익에 비례하는 주가수준을 나타낸 것이므로 기본적 분석 시 해당 주식의 현재 가격이 상대적으로 과대평가되었는지 아니면 과소평가되었는지를 판단하는 지표로 사용되고 있습니다. 또한 EPS는 1주당 얼마의 이익을 창출했는가를 나타내는 지표이기 때문에 자본 규모가 서로 다른 기업의 수익성을 비교하는 데 많이 사용됩니다.

예를 들어 [삼성전자]의 현재 주가가 5만원이고 주당순이익이 5000원이라고 하면 [삼성전자]의 PER은 10배가 되겠죠(5만원 ÷ 5000원 = 10). 그럼 [삼성전자]의 공시자료를 통해 PER을 직접 계산해 보도록 하겠습니다.

연결 손익계산서

제 51 기 2019.01.01 부터 2019.12.31 까지
제 50 기 2018.01.01 부터 2018.12.31 까지
제 49 기 2017.01.01 부터 2017.12.31 까지

(단위 : 백만원)

	제 51 기	제 50 기	제 49 기
수익(매출액)	230,400,881	243,771,415	239,575,376
매출원가	147,239,549	132,394,411	129,290,661
매출총이익	83,161,332	111,377,004	110,284,715
판매비와관리비	55,392,823	52,490,335	56,639,677
영업이익(손실)	27,768,509	58,886,669	53,645,038
기타수익	1,778,666	1,485,037	3,010,657
기타비용	1,414,707	1,142,018	1,419,648
지분법이익	412,960	539,845	201,442
금융수익	10,161,632	9,999,321	9,737,391
금융비용	8,274,871	8,608,896	8,978,913
법인세비용차감전순이익(손실)	30,432,189	61,159,958	56,195,967
법인세비용	8,693,324	16,815,101	14,009,220
계속영업이익(손실)	21,738,865	44,344,857	42,186,747
당기순이익(손실)	21,738,865	44,344,857	42,186,747
당기순이익(손실)의 귀속			
지배기업의 소유주에게 귀속되는 당기순이익(손실)	21,505,054	43,890,877	41,344,569
비지배지분에 귀속되는 당기순이익(손실)	233,811	453,980	842,178
주당이익			
기본주당이익(손실) (단위 : 원)	3,166	6,461	5,997
희석주당이익(손실) (단위 : 원)	3,166	6,461	5,997

〈그림 2-1〉 [삼성전자] 연결손익계산서(2019년)　　　자료 : 금융감독원 전자공시시스템(DART)

당기순이익에서 발행주식수를 나눠 직접 주당순이익을 구할 수도 있지만 연결 손익계산서를 보면 주당이익이 표기돼 있기 때문에 이를 활용해 계산하면 편리합니다. [삼성전자]의 6월 30일 종가인 5만2800원을 기준으로 PER을 계산해 보면 '5만2800원 ÷ 3166원 = 16.67'이므로 삼성전자의 PER은 16.67배가 되는 겁니다.

기본주당이익과 희석주당이익

주당이익 항목에는 '기본주당이익'과 '희석주당이익'이 표기돼 있는데 K-IFRS(한국채택국제회계기준)에서는 두 가지 모두 공시하도록 규정하고 있습니다.

기본주당이익은 현재 유통되고 있는 보통주만 고려해 계산한 주당순이익입니다. 일반적으로 주당이익이라고 하면 기본주당이익을 의미합니다. 희석주당이익은 유통되고 있는 보통주에 더해 전환사채, 신주인수권부사채, 스톡옵션 등 잠재적 보통주가 모두 발행됐다고 가정해서 계산한 주당순이익을 의미합니다. 희석주당이익을 따로 표기하는 이유는 잠재적 보통주가 권리를 행사하는 바람에 주당순이익이 하락해 기존 주주가 손해 보는 상황을 대비하기 위한 것입니다.

그러나 매번 이렇게 직접 계산하기에는 어려움이 따르는 것이 사실입니다. 다행히도 우리가 사용하는 HTS나 네이버, 다음 등의 포털사이트에서 해당 종목의 실시간 PER을 제공해 주고 있습니다.

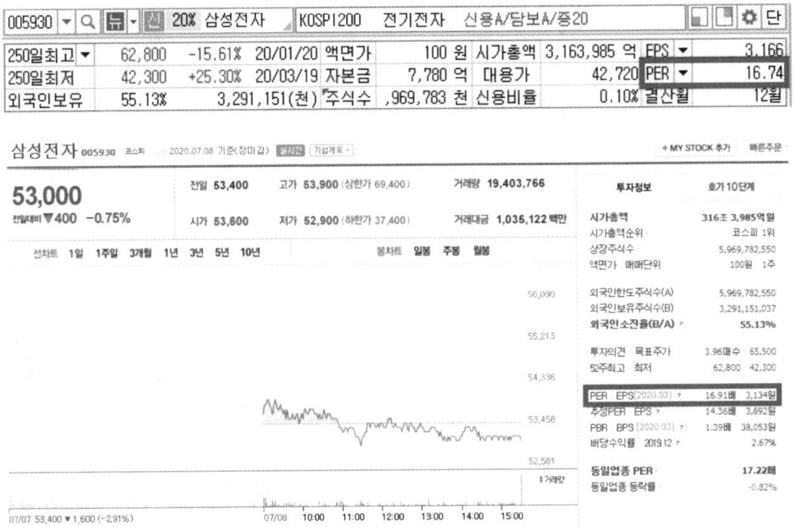

〈그림 2-2〉 HTS와 포털사이트에서의 제공하는 PER

자료 : 키움증권, NAVER

PER 그 자체로 해당 기업이 좋다, 나쁘다를 판단할 수는 없습니다. PER이 낮다고 해서 좋은 주식이고 PER이 높다고 해서 나쁜 주식이라는 뜻이 아니라는 이야기입니다. PER은 상대적으로 저평가되었느냐 아니면 고평가되었느냐 하는 것만을 말해줍니다. 또한 업종별로 성장성이나 시장의 기대치가 다르기 때문에 보통 PER은 같은 업종 안에서 상대적으로 저평가된 기업을 찾아내는 데 유용합니다.

[삼성전자]는 2016년에서 2019년까지 4년간 역대 PER이 최저 6.35배에서 최대 17.91배 사이에서 움직였고 평균적으로 10.43배(7월 8일 종가 기준 PER: 16.91배)를 기록하고 있으므로 같은 기간 미국 [애플]의 PER

주가관련 지표

IFRS 연결	2016/12		2017/12		2018/12		2019/12	
	최고	최저	최고	최저	최고	최저	최고	최저
주가(원)	36,240	22,520	57,220	35,560	53,000	38,250	56,700	37,450
시가총액	2,844,093	1,842,478	4,142,750	2,791,338	3,786,284	2,541,828	3,767,509	2,486,253
PER	13.25	8.23	10.55	6.56	8.80	6.35	17.91	11.83
PBR	1.49	0.93	1.98	1.23	1.50	1.08	1.51	1.00

〈그림 2-3〉 [삼성전자]의 지난 4년간 PER변화　　　　　　　　자료 : 키움증권

평균인 16.49배(7월 7일 종가 기준 PER: 28.20배)에 비해 상대적으로 저
평가받고 있다고 볼 수 있습니다.

PBR

주가순자산비율(PBR)은 현재 주가가 1주당 순자산의 몇 배로 거래되
고 있는지 측정하는 지표로서,

$$PBR = 현재주가 \div 주당순자산가치(BPS)$$

*주당순자산가치(BPS) = 순자산 ÷ 발행주식수

로 계산합니다. PBR은 현재 주가가 해당 기업을 청산할 시 1주당 보
상받을 수 있는 자산가치에 비해 얼마나 높거나 낮게 거래되고 있는지

판단하는 지표로 사용되고 있습니다. 또한 주당순자산가치(BPS)는 순자산을 청산했을 때 1주당 얼마씩 나누어줄 수 있느냐를 나타내는 지표이고 여기서 순자산은 자산에서 부채를 제외한 것으로 재무상태표에서 보면 '자본총계'라고 표시돼 있습니다.

예를 들어 [삼성전자]의 현재 주가가 5만원이고 BPS가 5만원 이라고 하면 [삼성전자]의 PBR은 1배가 되겠죠(5만원 ÷ 5만원 =1). 그럼 공시자료를 보고 PBR을 직접 계산해 보도록 하겠습니다.

자본			
지배기업 소유주지분	254,915,472	240,068,993	207,213,416
자본금	897,514	897,514	897,514
우선주자본금	119,467	119,467	119,467
보통주자본금	778,047	778,047	778,047
주식발행초과금	4,403,893	4,403,893	4,403,893
이익잉여금(결손금)	254,582,894	242,698,956	215,811,200
기타자본항목	(4,968,829)	(7,931,370)	(13,899,191)
비지배지분	7,964,949	7,684,184	7,278,012
자본총계	262,880,421	247,753,177	214,491,428
자본과부채총계	352,564,497	339,357,244	301,752,090

〈그림 2-4〉 [삼성전자] 연결재무상태표(2019년)　　　　자료 : 금융감독원 전자공시시스템(DART)

(기준일 :　　2019년 12월 31일　)　　　　　　　　　　　　　　　　(단위 : 주)

구 분	주식의 종류			비고
	보통주	우선주	합계	
I. 발행할 주식의 총수	20,000,000,000	5,000,000,000	25,000,000,000	-
II. 현재까지 발행한 주식의 총수	7,780,466,850	1,194,671,350	8,975,138,200	-
III. 현재까지 감소한 주식의 총수	1,810,684,300	371,784,650	2,182,468,950	-
1. 감자	-	-	-	-
2. 이익소각	1,810,684,300	371,784,650	2,182,468,950	자사주소각
3. 상환주식의 상환	-	-	-	-
4. 기타	-	-	-	-
IV. 발행주식의 총수 (II-III)	5,969,782,550	822,886,700	6,792,669,250	-
V. 자기주식수	-	-	-	-
VI. 유통주식수 (IV-V)	5,969,782,550	822,886,700	6,792,669,250	-

〈그림 2-5〉 [삼성전자] 발행주식총수(2019년)　　　　자료 : 금융감독원 전자공시시스템(DART)

PER을 계산할 때는 EPS가 재무제표에 표시돼 있었으나 PBR는 BPS부터 전부 직접 계산해야 합니다. 연결재무상태표상의 자본총계인 262조8804억2100만원을 발행주식수인 67억9266만9250으로 나누면 되고 그 결과 [삼성전자]의 BPS는 약 3만8700원이 됩니다. [삼성전자]의 6월 30일 종가가 5만2800원이었으므로 이날을 기준으로 [삼성전자]의 PBR을 계산해 보면 1.36배가 됩니다(5만2800원 ÷ 3만8700원 = 1.36).

그러나 매번 이렇게 직접 계산하기는 너무 번거롭겠죠. 그래서 PER과 마찬가지로 우리가 사용하는 HTS나 네이버, 다음 등의 포털 사이트에서 해당 종목의 실시간 PBR을 제공해 주고 있습니다.

〈그림 2-6〉 HTS와 포털사이트에서의 제공하는 PBR   자료 : 키움증권, NAVER

PBR은 1배를 기준으로 고평가와 저평가를 판단하는데, PBR이 1배라는 것은 현재 기업의 주가가 1주당 순자산가치와 같다는 의미입니다. 이는 곧 해당 기업의 자산이 시가총액과 동일하다는 뜻입니다. PBR이 1배 이하인 경우에는 지금 당장 기업이 망한다고 하더라도 더 많이 청산받을 수 있기 때문에 저평가 상태라고 볼 수 있습니다.

[삼성전자]는 2016년에서 2019년까지 지난 4년간 역대 PBR이 최저 0.93배에서 최대 1.98배 사이에서 움직였고 평균적으로 1.34배를 기록하고 있으므로 대부분 장부가치 이상의 평가를 받고 있습니다. 그렇기 때문에 [삼성전자]의 PBR이 1 이하로 하락한다면 저평가 매수 기회로 활용할 수 있겠습니다.

주가관련 지표

IFRS 연결	2016/12		2017/12		2018/12		2019/12	
	최고	최저	최고	최저	최고	최저	최고	최저
주가(원)	36,240	22,520	57,220	35,560	53,000	38,250	56,700	37,450
시가총액	2,844,093	1,842,478	4,142,750	2,791,338	3,786,284	2,541,828	3,767,509	2,486,253
PER	13.25	8.23	10.55	6.56	8.80	6.35	17.91	11.83
PBR	1.49	0.93	1.98	1.23	1.50	1.08	1.51	1.00

〈그림 2-7〉 [삼성전자]의 지난 4년간 PBR변화   자료 : 키움증권

ROE

자기자본이익률(ROE)은 투입한 자기 자본으로 얼마만큼의 이익을 냈는지 확인하는 지표로서,

$$자기자본이익률(ROE) = 당기순이익 ÷ 자기자본$$

으로 계산합니다. ROE는 기업이 자기자본을 이용해 1년간 거두어들인 수익성을 나타내는 지표로서 경영활동의 효율성을 판단하는 데 활용되고 있습니다. 만약 ROE가 시중금리보다 낮다면 자기자본을 시중은행에 예금하는 편이 더 낫다는 뜻이므로 위험을 감수하고 무리해서 사업을 지속할 이유가 없겠죠. 따라서 ROE는 적어도 시중금리보다 높아야 하고 일반적으로 회사채 수익률보다 높아야 양호한 수준으로 평가받습니다.

예를 들어 [삼성전자]의 당기순이익이 5조원이고 자기자본이 5000억원이라고 하면 [삼성전자]의 ROE는 10%입니다(5조원 ÷ 5000억원 = 10%).

ROE 역시 직접 계산할 수 있지만 일일이 계산하기가 무척 번거롭습니다. 다행히 우리가 사용하는 HTS와 네이버, 다음 등 포털사이트에서 쉽게 확인할 수 있으므로 여기서는 HTS나 포털 사이트에서 확인하는 방법을 알아보도록 하죠.

우선 HTS에서는 '기업분석'의 '재무비율' 항목 중 '수익성비율' 부분에서 ROE를 확인할 수 있습니다.

수익성비율

매출총이익률 ☑ ⊞	40.4	46.0	45.7	36.1	37.1
세전계속사업이익률 ☑ ⊞	15.2	23.5	25.1	13.2	12.2
영업이익률 ☑ ⊞	14.5	22.4	24.2	12.1	11.7
EBITDA마진율 ☑ ⊞	24.8	31.6	35.0	24.9	25.0
ROA ☑ ⊞	9.0	15.0	13.8	6.3	5.5
ROE ☑ ⊞	12.5	21.0	19.6	8.7	7.6
ROIC ☑ ⊞	20.3	33.2	30.4	13.2	12.0

〈그림 2-8〉 HTS에서 [삼성전자] ROE 확인하는 법

네이버에서는 해당 종목(여기서는 [삼성전자])의 '종목분석' → '투자지표' → '수익성' 항목을 클릭하면 ROE를 바로 확인할 수 있습니다.

ROE가 높을수록 자기자본을 잘 활용해 이익을 많이 냈다는 뜻이므로 일반적으로 ROE가 높은 기업일수록 경쟁력이 있다고 볼 수 있습니다. 그렇기 때문에 워렌 버핏 같은 세계적인 투자자는 ROE가 최근 3년간 연평균 15% 이상인 종목에 투자하라고 조언합니다.

그러나 ROE가 높다고 무조건 투자해도 좋은 기업은 아닙니다. 자기자본이 적고 부채비율이 높아 ROE가 높게 나오는 경우도 있고, ROE는 본질적으로 수익성 지표이므로 해당 기업의 성장성을 알려주지는 못하기 때문입니다.

[삼성전자]는 2015년부터 2019년까지 5년간의 평균 ROE가 14.59%

그리고 최근 3년간 평균 ROE는 16.44%를 기록하고 있으므로 일반적으로 투자하기에 적절한 ROE 수준을 유지하고 있다고 볼 수 있습니다.

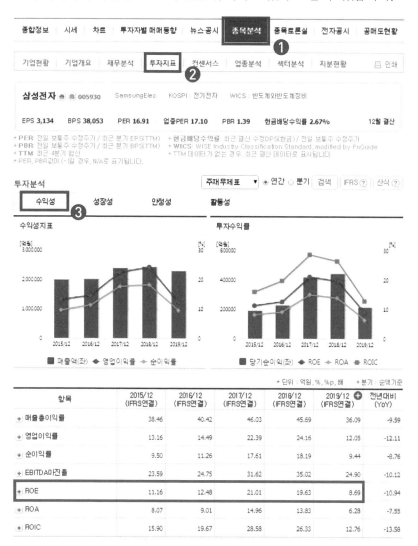

<그림 2-9> 네이버에서 [삼성전자] ROE 확인하는 법

04

재무제표 꼭 필요한 부분만 보자

아마 대부분의 초보 투자자가 기본적 분석을 하며 재무제표 보는 것을 부담스러워 하고 있을 겁니다. 그러나 우리가 세무사나 회계사가 되려고 공부하는 것도 아니고 주식 투자를 하는 데 필요한 만큼 재무제표를 보려 하는 것이기 때문에 생각보다 어렵지 않습니다.

재무제표는 크게 손익계산서, 대차대조표(=재무상태표), 현금흐름표의 세 부분으로 이루어져 있는데 그중 손익계산서는 '기업이 얼마나 벌었느냐'를 나타내는 항목이고 대차대조표는 '기업이 얼마나 튼튼한가'를, 그리고 현금흐름표는 '기업이 현금을 어떻게 사용하였는가'를 알려준다고 생각하면 한결 이해하기 쉽습니다.

그럼 주식 투자를 하기 전에 기본적으로 살펴봐야 할, 재무제표의 필수 부분을 하나씩 살펴보도록 하죠.

손익계산서

손익계산서에서 봐야 할 항목은 '매출액', '영업이익', '당기순이익' 딱
세 가지입니다.

연결 손익계산서

제 52 기 1분기 2020.01.01 부터 2020.03.31 까지

제 51 기 1분기 2019.01.01 부터 2019.03.31 까지

(단위 : 백만원)

	제 52 기 1분기		제 51 기 1분기	
	3개월	누적	3개월	누적
수익(매출액)	55,325,178	55,325,178	52,385,546	52,385,546
매출원가	34,806,694	34,806,694	32,746,452	32,746,452
매출총이익	20,518,484	20,518,484	19,639,094	19,639,094
판매비와관리비	14,071,139	14,071,139	13,405,812	13,405,812
영업이익	6,447,345	6,447,345	6,233,282	6,233,282
기타수익	315,506	315,506	321,782	321,782
기타비용	364,055	364,055	257,131	257,131
지분법이익	60,644	60,644	77,681	77,681
금융수익	3,791,378	3,791,378	1,916,536	1,916,536
금융비용	3,493,966	3,493,966	1,379,172	1,379,172
법인세비용차감전순이익(손실)	6,756,852	6,756,852	6,912,978	6,912,978
법인세비용	1,871,926	1,871,926	1,869,393	1,869,393
계속영업이익(손실)	4,884,926	4,884,926	5,043,585	5,043,585
당기순이익(손실)	4,884,926	4,884,926	5,043,585	5,043,585
당기순이익(손실)의 귀속				
지배기업의 소유주에게 귀속되는 당기순이익(손실)	4,889,599	4,889,599	5,107,490	5,107,490
비지배지분에 귀속되는 당기순이익(손실)	(4,673)	(4,673)	(63,905)	(63,905)
주당이익				
기본주당이익(손실) (단위 : 원)	720	720	752	752
희석주당이익(손실) (단위 : 원)	720	720	752	752

〈그림 2-10〉 [삼성전자] 20년 1분기 손익계산서　　　　자료 : 금융감독원 전자공시시스템(DART)

매출액

매출액은 제품 판매와 서비스 제공 같은 영업활동을 통해 벌어들인 총수익을 의미하기 때문에 보통 크면 클수록 좋습니다. 그러나 단순히 매출액이 크다고 무조건 좋은 것은 아니므로 전분기 혹은 전년 동기 대비 지속적으로 증가하고 있는지 확인하는 것이 좋습니다.

영업이익

영업이익은 기업의 모든 매출 중 매출을 일으키는 과정에서 발생한 판매비나 관리비, 감가상각비 같은 비용을 제외한 것으로 일정 기간 동안 영업활동으로 발생한 순이익을 의미합니다. 이는 기업이 제대로 운영되고 있는지를 나타내기 때문에 영업이익도 전분기나 전년 동기 대비 지속적으로 증가하는 것이 좋으며 특히 매출액에 비례해서 영업이익이 늘어났는지 확인해볼 필요가 있습니다.

당기순이익

일정 기간 동안 발생한 기업의 최종 수익을 의미합니다. 제조원가, 판매비, 관리비, 세금 등 모든 비용과 손실을 차감한 기업의 실질적인 수익으로 배당금과 직결되는 항목이 바로 당기순이익입니다. 만약 당기순이익이 마이너스(−)라면 기업의 이익이나 수익 창출 활동에 비해 비용 발생이 더 컸다는 의미이므로 장기적으로 이런 흐름이 이어진다면 기업의 발전이 어려워지겠죠.

대차대조표(=재무상태표)

재무상태표에서도 '자산', '자본', '부채'의 세 가지 항목만 확인하면 됩니다.

1. 요약재무정보

가. 요약연결재무정보

(단위 : 백만원)

구 분		제52기 1분기	제51기	제50기
		2020년 3월말	2019년 12월말	2018년 12월말
[유동자산]		186,739,748	181,385,260	174,697,424
·현금및현금성자산		27,916,683	26,885,999	30,340,505
·단기금융상품		78,638,015	76,252,052	65,893,797
·기타유동금융자산		4,276,138	5,641,652	4,705,641
·매출채권		36,388,583	35,131,343	33,867,733
·재고자산		28,454,895	26,766,464	28,984,704
·기타		11,065,434	10,707,750	10,905,044
[비유동자산]		170,717,787	171,179,237	164,659,820
·기타비유동금융자산		8,579,063	9,969,716	8,315,087
·관계기업 및 공동기업 투자		7,588,174	7,591,612	7,313,206
·유형자산		121,677,972	119,825,474	115,416,724
·무형자산		20,912,394	20,703,504	14,891,598
·기타		11,960,184	13,088,931	18,723,205
	자산총계	357,457,535	352,564,497	339,357,244
[유동부채]		64,763,290	63,782,764	69,081,510
[비유동부채]		26,306,522	25,901,312	22,522,557
	부채총계	91,069,812	89,684,076	91,604,067
[지배기업 소유주지분]		258,481,770	254,915,472	240,068,993
·자본금		897,514	897,514	897,514
·주식발행초과금		4,403,893	4,403,893	4,403,893
·이익잉여금		257,078,919	254,582,894	242,698,956
·기타		△3,898,556	△4,968,829	△7,931,370
[비지배지분]		7,905,953	7,964,949	7,684,184
	자본총계	266,387,723	262,880,421	247,753,177
		2020년 1월~3월	2019년 1월~12월	2018년 1월~12월
매출액		55,325,178	230,400,881	243,771,415
영업이익		6,447,345	27,768,509	58,886,669
연결총당기순이익		4,884,926	21,738,865	44,344,857
지배기업 소유주지분		4,889,599	21,505,054	43,890,877
비지배지분		△4,673	233,811	453,980
기본주당순이익(단위 : 원)		720	3,166	6,461
희석주당순이익(단위 : 원)		720	3,166	6,461
연결에 포함된 회사수		245개	241개	253개

※ 한국채택국제회계기준 작성기준에 따라 작성되었습니다.　　　　　　[△는 부(-)의 값임]

※ 기본주당이익(보통주) 산출근거는 제50기~제51기 연결감사보고서 및 제52기 분기 연결검토보고서
　　주석사항을 참조하시기 바랍니다.

〈그림 2-11〉 [삼성전자] 20년 1분기 재무상태표　　　　자료 : 금융감독원 전자공시시스템(DART)

자산

자산이란 기업이 가지고 있는 유형과 무형의 모든 요소를 의미하기 때문에 보통은 클수록 좋습니다. 그러나 자산은 다음에 설명할 '자본'과 '부채'의 합이므로 무조건 커지기만 한다고 좋은 것은 아닙니다. 부채가 급격하게 늘어나는 방식으로 자산이 갑자기 증가하는 것은 좋지 않겠죠?

여기서는 특히 '유동자산'과 '비유동자산' 항목을 확인해 보아야 하는데 '유동자산'은 1년 이내에 현금화가 가능한 자산을 의미하고 '비유동자산'은 1년 내에 현금화가 불가능한 자산을 의미합니다.

부채

부채란 쉽게 말해 기업의 빚입니다. 물론 부채 없이 기업을 운영하는 것은 거의 불가능하므로 부채가 얼마나 있느냐보다 부채 상환 능력을 확인하는 게 중요합니다. 그러니까 위험한 부채가 있는지를 확인해야 된다는 뜻이죠. 기업의 부채 상환 능력은 '유동자산'을 보면 되는데 일반적으로 유동자산이 유동부채보다 크면 상환 능력이 있다고 봅니다. 만약 부채비율이 150%를 넘으면 안정성을 의심해 보아야 합니다.

여기서 '유동부채'는 1년 내에 만기가 돌아오는 부채를 의미하고 '비유동부채'는 1년 이후에 만기가 돌아오는 부채를 의미합니다.

자본

자본은 간단히 말해 전체 자산에서 부채를 제외한 자기 돈을 의미하는 것으로 여기서는 '이익잉여금' 항목을 확인해보면 됩니다. 이익잉여금이란 회사에 쌓아두는 이익금으로 일반적으로 이익잉여금이 많을수록 그리고 매년 늘어날수록 기업의 안정성이 높다고 볼 수 있습니다.

현금흐름표

현금흐름표는 '영업활동 현금흐름', '투자활동 현금흐름', '재무활동 현금흐름'으로 나뉘어 있습니다. 기업의 현금이 어떻게 움직이느냐에 따라 기업의 성장과 쇠퇴를 대략적으로 확인해볼 수 있습니다.

영업활동 현금흐름

'영업활동 현금흐름' 항목은 말 그대로 영업을 통해 발생한 현금의 흐름을 의미합니다. 기업의 주된 수익 활동이기 때문에 플러스(+)가 되어야 좋습니다.

투자활동 현금흐름

'투자활동 현금흐름'은 자산의 처분과 취득으로 발생하는 현금 흐름으로 플러스(+) 상태이면 보유한 자산을 처분해 현금이 발생했다는 뜻입

니다. 즉, 투자에 소극적인 상황이라고 생각하면 되고 마이너스(−) 상태
이면 자산을 취득하면서 현금이 나갔다는 뜻이므로 투자에 적극적인 상
황이라고 해석할 수 있습니다. 따라서 일반적으로 마이너스(−)가 주가
에 긍정적으로 작용합니다.

재무활동 현금흐름

'재무활동 현금흐름'은 자본의 유출입과 관련된 현금흐름으로 플러스
(+) 상태이면 은행에서 돈을 빌리거나 회사채를 발행했다는 뜻이고 마
이너스(−) 상태면 은행에 빌린 돈을 갚거나 회사채를 상환했다는 뜻입
니다. 경기 상황에 따라 해석이 달라지겠지만 기업의 안정성 측면에서
는 돈을 빌리는 것보다는 빚을 갚고 있는 것이 좋기 때문에 일반적으로
마이너스(−)인 쪽이 긍정적입니다.

연결 현금흐름표

제 52 기 1분기 2020.01.01 부터 2020.03.31 까지

제 51 기 1분기 2019.01.01 부터 2019.03.31 까지

(단위 : 백만원)

	제 52 기 1분기	제 51 기 1분기
영업활동 현금흐름	11,829,879	5,244,311
영업에서 창출된 현금흐름	12,007,207	5,543,532
당기순이익	4,884,926	5,043,585
조정	9,475,166	9,244,062
영업활동으로 인한 자산부채의 변동	(2,352,885)	(8,744,115)
이자의 수취	497,163	411,815
이자의 지급	(110,968)	(130,960)
배당금 수입	29,033	23,807
법인세 납부액	(592,556)	(603,883)
투자활동 현금흐름	(8,529,202)	(5,244,570)
단기금융상품의 순감소(증가)	(590,616)	2,941,570
단기상각후원가금융자산의 순감소(증가)	991,685	(405,403)
단기당기손익-공정가치금융자산의 순감소(증가)	549,031	337,711
장기금융상품의 처분	2,140,624	225,764
장기금융상품의 취득	(2,180,111)	(3,464,066)
상각후원가금융자산의 취득	0	(314,048)
기타포괄손익-공정가치금융자산의 처분	18,478	22
기타포괄손익-공정가치금융자산의 취득	(3,514)	(18,738)
당기손익-공정가치금융자산의 처분	5,858	23,910
당기손익-공정가치금융자산의 취득	(41,884)	(57,060)
관계기업 및 공동기업 투자의 취득	(12,924)	(3,500)
유형자산의 처분	69,837	119,296
유형자산의 취득	(8,564,279)	(4,197,261)
무형자산의 처분	588	1,591
무형자산의 취득	(969,194)	(267,507)
사업결합으로 인한 현금유출액	(27,412)	(165,793)
기타투자활동으로 인한 현금유출입액	84,631	(1,058)
재무활동 현금흐름	(2,973,613)	(4,097,535)
단기차입금의 순증가(감소)	(2,761,970)	(3,946,226)
장기차입금의 상환	(203,582)	(151,435)
배당금의 지급	(6,367)	(469)
비지배지분의 증감	(1,694)	595
외화환산으로 인한 현금의 변동	703,620	433,334
현금및현금성자산의 순증감	1,030,684	(3,664,460)
기초의 현금및현금성자산	26,885,999	30,340,505
기말의 현금및현금성자산	27,916,683	26,676,045

〈그림 2-12〉 [삼성전자] 20년 1분기 현금흐름표

자료 : 금융감독원 전자공시시스템(DART)

아무리 가치 투자 같은 장기 투자가 좋다고 많은 사람들이 이야기하더라도 나의 현재 상황이나 성격 혹은 기질에 맞지 않는다고 하면 그건 좋은 매매 방법이 아닌 겁니다. 본인에게 맞는 것이 제일 좋은 매매 방법인 거죠.

Part 3

[삼성전자]와
기술적 분석

이번 장에서는 많은 개인 투자자 분들이 가장 궁금해하시는 '기술적 분석'을 알아보도록 하겠습니다.

기술적 분석을 말씀드리기 전에 이 이야기부터 하고 시작해야 될 것 같습니다. 오랜 기간 다양한 기술적 분석 방법을 공부한 후, 이를 토대로 수천 수만 건의 과거 자료로 백 테스트해 보고 또 실전 매매에 적용해 보고 내린 결론은 100% 완벽한 기술적 분석 방법은 없다는 것입니다.

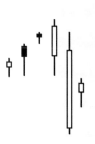

세상만사가 그러하듯이 주식시장에도 100% 확실한 투자 기법이나 투자 방법 같은 것은 존재하지 않습니다. 그러나, 그러함에도 불구하고 우리가 기술적 분석을 공부해야 하는 이유는 명확합니다.

주식의 가격인 주가는 결국 수급에 의해 결정되는 것이고, 이렇게 매수하는 사람과 매도하는 사람의 강력한 힘 대결의 결과가 표시된 것이 바로 차트이기 때문입니다. 또한 수급은 결국 사람에 의해 결정되는 것이고 비슷한 상황에서 사람들의 의사 결정 과정은 100년 전이나 지금이나 크게 달라지지 않았을 것이기 때문에 차트를 통한 기술적 분석이 가치 있는 것입니다.

그러나 다시 한번 말씀 드리지만 수급에 영향을 끼치는 요인은 수도 없이 많고 세상에 완벽하게 동일한 상황이란 있을 수 없기 때문에 이번에 맞았다고 해서 다음에 맞을 것이라는 보장은 없습니다. 따라서 기술적 분석 과정을 조금이라도 더 확률 높은 방향을 찾는 과정 정도라고 생각하시면 좋겠습니다.

또한 기술적 분석은 같은 기법이라고 하더라도 경험에 의해 그 대응 방법이 달라지기 때문에 기술적 분석에 따라 매매하려면 많은 실전 경험이 필요합니다. 따라서 초보 투자자는 처음부터 큰 돈으로 무리하게 투자하지 마시고 작은 돈으로 충분히 경험을 쌓아 보신 후에 서서히 자금을 늘려 가시길 당부드립니다.

그럼 지금부터 우리가 주식 투자를 할 때 알아야 할 확률 높은 '기술적 분석'의 내용과 활용 방안을 자세히 알아보도록 하겠습니다.

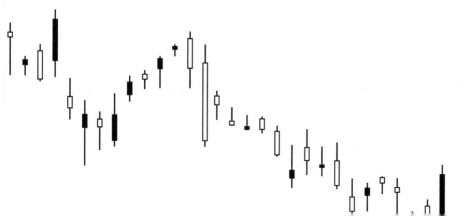

01

내 성향부터 파악하자

    대부분의 초보 투자자가 주식 시장에 들어오면 우선 종목부터 매수하고 시작합니다. 그러나 주식도 엄연한 재테크이고 자산을 투입하는 일인데 아무런 사전 준비 없이 바로 주식부터 덜컥 매수하다가는 첫 스텝부터 꼬일 가능성이 높습니다.

    예를 들어 우리가 음식점을 창업한다고 가정하면 실제로 장사를 시작하기 전에 상권, 입지, 유동인구, 적합업종 등 다양한 사항을 고려하겠죠. 이때 가장 먼저 하는 고민은 나의 현재 자금 상황과 취향 그리고 요리 실력 등을 감안해 '어떤 음식점을 창업할 것인가'일 겁니다. 그러니까 분식집을 창업할 것인지, 아니면 중국 음식점이나 한식 전문점을 차릴 것인지를 먼저 정한다는 이야기죠. 만약 한식을 하기로 했다면 그 다음에 삼겹살집을 할 것인가 아니면 김치찌개 전문점을 할 것인가와 같이 업종을 결정하는 게 순서일 겁니다.

주식 투자도 마찬가지입니다. 종목 '매수'라는 장사를 시작하기 전에 여러 가지 사항을 고려해야 하는데 그중에서도 초보 투자자가 간과하기 쉬운 것이 바로 나에게 맞는 적합 업종, 즉 어떤 스타일로 매매할 것인가를 결정하는 것입니다.

아무리 지금 상권에서 중국 음식점이 잘된다고 해도 내가 중국 음식을 싫어한다든가 심지어 중국 음식에 알레르기가 있다고 하면 중국 음식점을 할 수 없는 것처럼 아무리 가치 투자 같은 장기 투자가 좋다고 많은 사람들이 이야기하더라도 나의 현재 상황이나 성격 혹은 기질에 맞지 않는다고 하면 그건 좋은 매매 방법이 아닌 겁니다. 본인에게 맞는 것이 제일 좋은 매매 방법인 거죠.

예를 들어 주식 투자를 전업으로 삼으려는 분이라면 1년에 한두 번 매매하는 가치 투자만 할 필요는 없고 굳이 전업 투자를 하실 필요도 없겠죠. 전업 투자를 한다면 가치 투자를 한다 하더라도 자산의 일부로는 단타 매매를 병행해 다달이 수익이 나오는 구조를 만들어야 할 겁니다. 또한 업무가 바쁜 직장인이 오전 9시부터 오후 3시까지 HTS를 계속 보면서 초단타 매매를 한다면, 변동성이 높은 종목을 매매하는 초단타 특성상 갑작스러운 회의 등으로 잠시 자리를 비웠다가 큰 손실을 볼 수도 있기 때문에 적절한 매매 방법이 아닐 겁니다

〈그림 3-1〉 같은 돼지고기라도 요리마다 필요한 부위가 다르다

또한 주식에서 종목을 선택할 때는 내가 매수하려는 종목이 앞으로 얼마나 성장 가능성이 있는 종목인지 여부도 중요하지만 그보다 내가 어떤 스타일로 매매할 것인지, 즉 매수 이후 얼마나 보유하고 수익을 실현할 것인지가 더 중요합니다. 그러니까 주식을 매수하기 전에 단타로 치고 빠질지 아니면 2~3주 정도만 보고 스윙으로 접근할지, 그것도 아니면 중장기로 몇 년 동안 들고 갈지에 따라 그 종목을 지금 매수할지 말지를 결정해야 한다는 뜻입니다.

예를 들어 A라는 분은 족발집을 창업했고 B라는 분은 삼겹살집을 창업했다고 가정해 봅시다. 그럼 A사장님은 족발집을 운영하니까 당연히 돼지의 앞다리나 뒷다리 부분이 필요할 것이고 B사장님은 삼겹살집을 운영하니까 당연히 돼지의 삼겹살이나 목살 부분이 필요할 겁니다. 같은 돼지고기라는 점에서는 동일하지만 어떤 음식점을 하느냐에 따라 나에게 필요한 부분이 다르겠죠. 정육점에서 그날 아무리 삼겹살 부위가

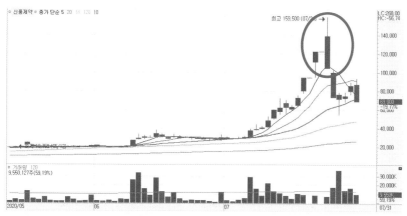
〈그림 3-2〉 가치투자를 하기에는 적절치 않은 자리

싸고 좋다고 말해줘도 족발집을 하는 A사장님에게는 의미가 없고 마찬가지로 앞다리 부위가 싸고 좋다고 해도 삼겹살집을 하는 B사장님에겐 의미가 없을 겁니다. 삼겹살집에서 족발을 요리해서 판매할 수는 없으니 당연한 이야기겠죠?

마찬가지로 같은 종목이라 하더라도 매매 스타일에 따라 매수하는 타이밍, 즉 매수 가격이나 위치가 다르기 때문에 나의 매매 스타일에 맞는 자리에서 매매하는 게 중요합니다. 가치 투자를 한다면 아무 때나 매수하는 게 아니라 저평가 구간을 기다려야 하고 단기 매매를 한다면 변동성이 커지는 구간을 노려서 매매해야 합니다. 종목이 좋아 보인다고 변동성이 커져 있는 구간에서 가치 투자를 하거나 거래량이 없는 저평가 구간에서 단기 매매를 진행하면 당연히 결과가 좋지 않겠죠.

특히 초보 투자자일수록 본인의 매매 스타일을 일찍 결정하는 게 중요한 또 다른 이유는 본인만의 확실한 매매 스타일이 있는 사람이 성공하기 쉽기 때문입니다. 음식점을 운영하는 사장님은 대부분 장사가 안 되면 음식 메뉴를 늘려 다양한 손님이 찾아오길 기대합니다. 그러나 메뉴가 늘어날수록 그 음식점의 특색은 사라지고 하나의 음식에 집중할 수 없어지기 때문에 음식의 전체적인 맛이 떨어지는 악순환을 반복합니다. 그렇기 때문에 〈백종원의 골목식당〉에서 백종원 대표가 그렇게 메뉴를 줄이고 한두 가지 메뉴에 집중하라고 조언하는 겁니다. 한번 생각해 봅시다. 소위 말하는 대박 맛집은 대부분 한두 가지 메뉴로 큰 성공을 이뤄내지 않았나요?

주식 투자도 마찬가지입니다. '나는 단기 매매도 잘하고 가치 투자도 잘하고 싶다'고 하는 것은 일식도 잘하고 양식도 잘하고 싶다는 것과 동일한 이야기입니다. 물론 두 가지 다 잘할 수 있지만 한 가지 분야만 집중적으로 공부한 분에 비해 훨씬 더 많은 시간과 노력이 필요할 겁니다.

따라서 본인의 성격과 자금 상황에 잘 맞는 매매 스타일이 무엇인지 진지하게 고민해서 본인만의 경쟁력 있는 매매 스타일을 하나 만들고 그 이후에 안정적으로 메뉴를 늘려가는 노력을 하시기 바랍니다.

장기 투자가 무조건 정답일까?

주식 시장에 처음 들어오면 많이 듣는 이야기 중 하나가 "장기 투자가 답이다"라는 것입니다. 물론 초보 투자자 입장에서 장기 투자가 단기 투자에 비해 안정적으로 매매할 수 있는 방법이긴 하지만 결론적으로 말씀드려서 장기 투자가 무조건 수익을 주는 정답은 아닙니다.

여기 우리나라를 대표하는 두 기업인 [삼성전자]와 [POSCO]가 있습니다. 2010년 1월 첫날 한 분은 [POSCO]를 1000만원어치 매수했고 한 분은 [삼성전자]를 1000만원어치 매수해서 두 분 다 10년간 장기 투자했다고 가정해 보죠. 결과가 어떻게 되었을까요?

[POSCO]의 2010년 1월 시가가 61만원이었고 2019년 12월 말일의 가격이 23만6500원이므로 수익률로는 −61.23%의 손실을 기록한 것이니 10년 전의 1000만원이 지금은 약 380만원 정도가 되어 있을 겁니다. 반면 삼성전자는 2010년 1월의 시가가 1만6060원이었는데 2019년 12월 말 5만5800원까지 247.45%가 상승했으므로 10년 전의 1000만원은 지금 약 3475만원으로 불어나 있을 겁니다. 또한 같은 종목을 매수했다 하더라도 매수 시기에 따라 수익률이

〈그림 3-3〉 POSCO와 삼성전자 월봉   자료 : 키움증권

달라집니다.

같은 [삼성전자]를 4년간 장기 투자 한다고 해도 박스권인 A구간
에서 2012년 첫날 매수한 분은 4년간 약 17.76%의 수익을 낸 반면
추세 상승이 나온 B구간에서 매수한 분은 4년간 약 121.43%의 수
익을 기록했습니다.

〈그림 3–4〉 삼성전자 월봉   자료 : 키움증권

따라서 가치 투자를 한다고 해서 '우선 저평가된 성장성 있는 종목을 선정하는 것이 가장 중요하고, 어차피 장기로 보고 매수하는 거니까 아무 때나 사면 되지'라는 생각으로 매수를 결정하지 말고 기술적 분석을 통해 최대한 낮은 가격에서 적절한 시점에 매수하려고 노력하는 것이 중요합니다.

[삼성전자]로
큰 수익을 노리자

우선 장기적인 관점에서 종목을 바라보고, 한 번에 큰 수익을 기대할 수 있는 매매 방법을 알아보도록 하겠습니다.

추세

주식을 매매하다 보면 '추세'에 대한 이야기를 누구나 한 번쯤 듣게 됩니다. "상승추세가 이어지고 있으니 보유해야 된다"라든가 "하락추세로 돌아섰다"라든가 하는 이야기를 들으면 대충 무슨 의미인지는 알 것 같은데 그 정의를 명확하게 설명할 수 있는 분은 많지 않은 것 같습니다.

우선 '추세'란 어떤 현상이 일정한 방향으로 나아가는 경향을 의미하는 말이고 이는 주식에서도 마찬가지입니다. 주가는 일정 기간 동안 일정한 방향으로 움직이는 경향이 있는데 이를 '추세'라고 하며 지속적으로 상승하는 경향을 보이는 것을 '상승추세' 지속적으로 하락하는 경향을 보이는 것을 '하락추세'라고 합니다. 또 이런 추세를 보이는 주가의 고점이나 저점을 연결한 선을 '추세선'이라고 하고 상승하는 주가의 저점을 연결한 선을 '상승추세선', 하락하는 주가의 고점을 연결한 선을 '하락추세선'이라고 합니다.

추세와 추세선을 이용한 매매는 전통적이고 단순하지만 오랜 시간 검증돼온 매매 방법인 만큼 강력하고 신뢰가 높습니다. 따라서 추세선 하나만 제대로 그리고 활용할 줄 알아도 험난한 주식 시장에서 살아남아 큰 수익을 낼 수 있는 강력한 무기를 하나 보유하는 겁니다.

〈그림 3-5〉 다양하게 그릴 수 있는 상승추세선   자료 : 키움증권

그럼 질문을 하나 드리겠습니다. 앞에 있는 세 개의 상승추세선 A, B, C 중 올바르게 그린 상승추세선은 무엇일까요?

추세선은 두 개의 점(저점이나 고점)을 연결한 선이기 때문에 두 점을 어디로 잡느냐에 따라 다양하게 그릴 수 있습니다. 따라서 어느 것이 맞고 어느 것이 틀리다고 말씀드리기는 어렵습니다. 그러나 어떤 경우라도 두 개의 점은 동일한 기준에서 잡아야 하고 그에 따라 어떤 차트나 어떤 종목에서도 동일한 추세선을 그릴 수 있어야 합니다.

만약 차트나 종목에 따라 매번 추세선을 다르게 그린다면 일정한 기준이 없기 때문에 추세선을 이용한 일관된 매매를 할 수 없을 뿐만 아니라 정확한 검증 역시 할 수 없겠죠. 그렇기 때문에 반드시 추세와 추세선에 대한 본인만의 명확한 기준을 가지고 어떤 차트에서나 일정하게 그릴 수 있어야 합니다.

상승추세선 그리기

명확한 '상승추세선'을 그리려면 '상승추세'에 대한 정확한 정의가 필요하겠죠. 제가 생각하는 상승추세의 정의는 다음과 같습니다.

"직전의 고점을 상향 돌파하는 연속적인 상승으로 중간에 하락하더라도 직전의 저점보다 높은 저점을 형성하는 것."

즉, 저점이 전저점보다 높은 가격에서 형성되고 고점은 직전 고점보다 높은 가격에서 형성되는 것을 의미합니다.

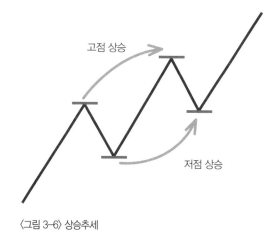

〈그림 3-6〉 상승추세

이 정의에 의해 제가 제안드리는 '상승추세선'을 그리는 방법은 이렇습니다.

1. 대상 기간 중 가장 낮은 저점(즉, 차트에 나오는 가장 최저점)을 '시작점'으로 하고
2. 대상 기간 중 가장 높은 고점 직전의 저점을 '도착점'으로 정합니다
3. 이 두 지점 사이를 선으로 연결하면 '상승추세선'이 완성됩니다

※ 주의: 시작점과 도착점을 이은 그 선이 두 지점 사이에 있는 캔들을 통과해서는 안됩니다.

그럼 이 정의에 따라 올바르게 그린 '상승추세선'은 A, B, C 중에 어

〈그림 3-7〉 올바른 상승추세선 1 　　　　　　　　　　　　　　　　자료 : 키움증권

떤 것인지 확인해 보겠습니다.

　우선 위 차트에서 올바르게 그린 추세선은 A가 되겠죠. 세 개의 추세선 모두 시작점을 최저점인 8060원으로 정한 것은 동일하나 C선은 저점을 도착점으로 설정한 것이 아니기 때문에 제외하고, 원래대로라면 최고점인 6만2800원 직전에 나온 저점인 1번 지점을 도착점으로 연결하는 것이 맞으나 B선은 시작점과 도착점을 연결한 선이 캔들을 통과하므로 잘못 그린 추세선인 것입니다. 이에 따라 두 번째 고점 직전에 나온 저점인 2번 지점을 도착점으로 연결한 A선이 올바르게 그린 '상승추세선'이 되는 것입니다.

〈그림 3-8〉 올바른 상승추세선 2 　　　　　　　　　　　　자료 : 키움증권

　　그럼 위의 A,B 선 중에 올바르게 그린 추세선은 어느 것 일까요? 추
세선을 통과하는 캔들이 없는 A선이 올바르게 그린 추세선일까요?

　　아닙니다. '상승추세선'의 정의에 맞게 올바르게 그린 추세선은 B선 입
니다. A선은 대상 기간 중 가장 고점 직전의 저점이 아닌 1번 지점을 도
착점으로 정한 것이기 때문에 잘못 그린 추세선인 것이고 B선은 최고점
인 6만2800원 직전의 저점인 2번 지점을 도착점으로 제대로 설정했습
니다. 도착점인 2번 지점 이후에 연결된 선을 통과하는 캔들이 있지만
시작점과 도착점 사이를 통과하는 캔들은 없으므로 올바른 '상승추세선'
이 되는 겁니다.

추세선을 이용한 매매 방법

추세선을 이용한 매매 방법에는 여러 가지가 있지만 여기서는 '하락추세'에서 '상승추세'로 변환되는 지점에 매수해서, 소위 말하는 '무릎에 사서 어깨에 파는 방법'을 말씀드리겠습니다. 그러려면 우선 '하락추세'와 '하락추세선'을 설정하는 방법을 알아야겠죠. '하락추세'는 앞서 배운 '상승추세'와 반대라고 생각하시면 됩니다. '하락추세'의 정의는 다음과 같습니다.

"직전의 저점을 하향 돌파하는 연속적인 하락으로 중간에 상승하더라도 직전의 고점보다 낮은 고점을 형성하는 것."

즉, 고점이 전고점보다 낮은 가격에서 형성되고 저점은 직전 저점보다 낮은 가격에서 형성되는 것을 의미합니다.

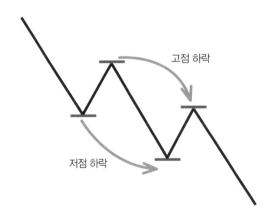

〈그림 3-9〉 하락추세

'상승추세선'과 마찬가지로 '하락추세선'을 그리는 방법은 아래와 같습니다

1. 대상 기간 중 가장 높은 고점(즉, 차트에 나오는 가장 최고점)을 시작점으로 하고
2. 대상 기간 중 가장 낮은 저점 직전의 고점을 도착점으로 정합니다
3. 이 두 지점 사이를 선으로 연결하면 '하락추세선'이 완성 됩니다

※ 주의: 이때도 마찬가지로 시작점과 도착점 사이의 선이 두 지점 사이에 있는 캔들을 통과해서는 안됩니다.

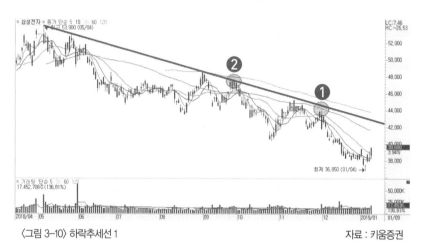

〈그림 3-10〉 하락추세선 1　　　　　　　　　　자료 : 키움증권

그럼 우선 [삼성전자]의 하락추세선을 그려봅시다. 대상 기간 중 가장 높은 고점인 5만3900원을 시작점으로 하고 가장 낮은 저점인 3만6850

원의 직전 고점인 1번 지점을 도착점으로 해서 연결하면 하락추세선이 그려집니다. 그러나 1번 지점을 도착점으로 하면 시작점과 도착점 사이의 캔들을 추세선이 지나게 되므로 잘못 그린 하락추세선이 됩니다. 따라서 그 이전 저점의 직전 고점 자리인 2번 지점을 도착점으로 해서 연결하면 추세선을 통과하는 캔들이 없는 완벽한 하락추세선이 완성됩니다.

이렇게 하락추세선을 설정하고 나면 할 일은 하나밖에 없습니다. 기다리는 거죠. 차분하게 하락추세선을 상승 돌파해서 하락추세가 상승추세로 바뀔 때까지 지켜보는 겁니다. 그럼 함께 하락추세가 끝나길 기다려 봅시다.

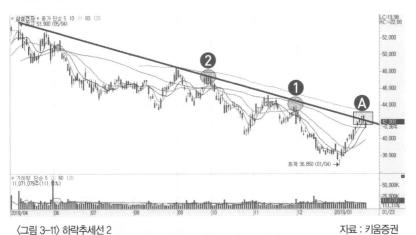

〈그림 3-11〉 하락추세선 2　　　　　　　　　　　　　　　자료 : 키움증권

드디어 기다림 끝에 하락추세선을 돌파하는 캔들이 등장했습니다. 이 지점을 A라고 정해 봅시다. 그럼 여기서 바로 매수하면 될까요?

92

네, 종가를 기준으로 하락추세선을 돌파하는 것을 확인하고 매수하면 되고, 조금 더 보수적으로 안전하게 매매하시는 분이라면 완전히 돌파한 이후 되돌림을 노려서 매수해도 됩니다.

그럼 여기서는 A지점인 4만2000원에서 매수했다고 가정하고 손절은 직전 저점인 3만6850원으로 잡아 봅시다. 그럼 이제 우리가 해야 할 일은 하락추세에서 상승추세로 전환된 이후 상승추세가 지속되길 기대하면서 기다리는 일만 남은 겁니다. 기다려 보겠습니다.

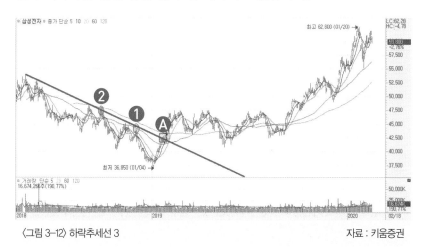

〈그림 3-12〉 하락추세선 3   자료 : 키움증권

이후 매수 지점인 4만2000원이 작게 보일 만큼 큰 상승을 보입니다. 최고점 6만2800원으로 매수 1년 만에 49.52%가 상승합니다. 1000만원 정도 매수했다고 가정하면 1년 만에 수익이 495만원이나 나서 증권계좌에는 약 1495만원이 남았겠죠.

이처럼 추세선을 이용하면 추세의 전환 시기를 비교적 빠르게 감지해 매수할 수 있다는 장점이 있습니다. 또한 긴 호흡으로 시간을 오래 보고 추세를 따라 매매한다면 단 한 번의 매매로 큰 수익을 내는 것이 가능합니다.

매도에는 여러 가지 방법이 있고 공통적으로 적용되는 부분이라 따로 말씀드리겠지만 추세를 이용한 매매를 하실 때는 작은 수익에 만족해서 너무 일찍 수익 실현을 하지 말고 상승추세를 충분히 즐긴 후에 추세 전환을 확인하고 매도해야 한다는 걸 잊지 마시기 바랍니다.

다이버전스

'다이버전스(Divergence)'의 사전적 의미는 분기, 발산, 차이, 확산 등인데 주식시장에서 말하는 다이버전스는 가격과 보조지표가 서로 반대되는 방향으로 움직이는 현상을 이야기합니다. 즉, 주가는 상승하고 있는데 보조지표는 하락하고 있는 경우라든가 아니면 주가는 하락하고 있는데 보조지표가 상승하는 경우가 있겠죠.

우리는 이 다이버전스를 통해 기존에 진행되던 추세의 힘이 약해지는 것을 확인할 수 있고 이로써 추세전환을 예측할 수 있습니다. 그럼 대표적인 다이버전스 유형을 확인해 보겠습니다.

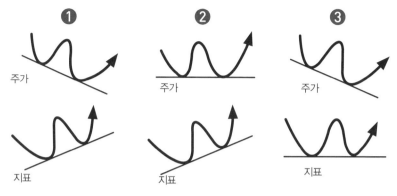

〈그림 3-13〉 상승 다이버전스

위의 그림처럼 주가가 저점을 낮추면서 하락하는데 보조지표는 저점을 높이면서 상승하거나 일정한 저점을 유지하는 경우, 혹은 주가의 저점이 일정하게 유지되는데 보조지표가 저점을 높이는 경우에는 주가가 하락하는 힘이 약해져서 곧 하락이 끝나고 상승할 것이라는 강력한 신호가 되는 겁니다.

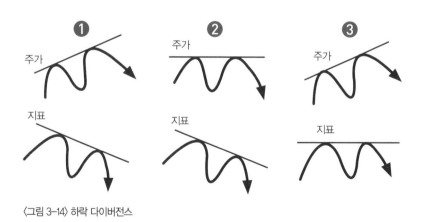

〈그림 3-14〉 하락 다이버전스

반대로 하락 다이버전스는 주가가 고점을 높이면서 상승하는데 보조지표는 고점을 낮추면서 하락하거나 일정한 고점을 유지하는 경우, 혹은 주가의 고점이 일정하게 유지되는데 보조지표가 고점을 낮추는 경우입니다. 주가가 상승하는 힘이 약해져서 곧 상승이 끝나고 하락할 것이라는 강력한 신호가 되겠죠.

이처럼 다이버전스는 추세의 전환을 예측할 수 있는 방법 중 하나로 상승 다이버전스를 이용해서 매수하고 하락 다이버전스를 이용해서 보유한 종목을 매도하는 식으로 활용 가능합니다. 또한 여기서 보조지표는 일반적으로 MACD나 RSI를 이용하는데 개인적으로 RSI를 이용해서 다이버전스를 확인하는 것을 더 선호하기 때문에 RSI를 예로 들어 설명하도록 하겠습니다.

다이버전스을 이용한 매매 방법

우선 상승 다이버전스를 이용해 매수하는 방법부터 확인해 보도록 하겠습니다.

〈그림 3-15〉 상승다이버전스 1 　　　　　　　　　　　　　　　　자료 : 키움증권

　　주가의 저점은 낮아지는데 보조지표인 RSI의 저점은 일정하게 유지
되면서 상승 다이버전스 3번 패턴을 완성하고 있습니다. 상승 다이버전
스를 확인했으니 상승추세로 전환될 것을 기대하고 매수해야 될 겁니
다. 그럼 어디서 매수를 진행하면 될까요?

〈그림 3-16〉 상승다이버전스 2 　　　　　　　　　　　　　　　　자료 : 키움증권

상승 다이버전스의 기준이 되는 첫 번째 저점(여기서는 4만400원)을 매수 기준 가격으로 잡고 상승 다이버전스를 완성한 이후 매수 기준 가격을 돌파하는 흐름이 나오는 지점인 A지점에서 매수를 진행하면 됩니다. 이때 두 번째 저점(여기서는 3만6850원)을 손절 가격으로 잡으면 되겠죠. 그럼 이후에 어떤 움직임을 보였는지 확인해 볼까요?

〈그림 3-17〉 상승 다이버전스 3　　　　　　　　　　　　　　자료 : 키움증권

이후 매수 지점인 4만400원 이하로 한 번도 하락하지 않고 최고점인 6만2800원까지, 매수 1년 만에 55.45%가 상승합니다. 이때 [삼성전자]를 1000만원 정도 매수했다고 가정하면 1년 만에 약 554만원 정도 수익이 난다는 의미입니다.

이처럼 상승 다이버전스를 이용하면 비교적 추세전환의 초기 부근에서 매수해 상승추세 대부분을 수익으로 만들 수 있습니다. 그럼 반대로 하락 다이버전스를 이용해 보유 종목을 매도하는 방법을 알아보죠.

〈그림 3-18〉 하락 다이버전스 1 　　　　　　　　　　　　　자료 : 키움증권

　　주가의 고점은 높아지는데 보조지표인 RSI의 고점은 낮아지면서 하
락 다이버전스 1번 패턴을 완성하는 모습을 보이고 있습니다. 하락 다
이버전스를 확인했으니 하락추세로 전환될 것을 예상하고 보유한 종목

〈그림 3-19〉 하락다이버전스 2 　　　　　　　　　　　　　자료 : 키움증권

을 매도해 수익을 실현할 시기를 결정해야 할 겁니다. 그럼 어디서 매도를 진행하면 될까요?

하락 다이버전스의 기준이 되는 마지막 고점의 직전 저점(여기서는 5만 2140원)을 매도 기준 가격으로 잡고 하락 다이버전스를 완성한 이후 매도 기준 가격 이하로 하락하는 흐름이 나오는 A지점에서 보유 종목을 매도해 수익을 실현하시면 됩니다. 그럼 매도 이후 어떤 움직임을 보였는지 확인해 보도록 하겠습니다.

〈그림 3-20〉 하락다이버전스 3   자료 : 키움증권

이후 상승추세에서 하락추세로 전환돼 최저점인 3만6850원까지 30% 가까이 하락하는 모습을 보여 주었습니다. 이처럼 하락 다이버전스를 이용하면 비교적 추세전환의 초기 부근에서 매도해 수익을 극대화하는 것이 가능합니다.

또한 일봉뿐 아니라 주봉이나 월봉 그리고 분봉에도 다이버전스를 적용할 수 있기 때문에 다양한 타임프레임에서 유용하게 사용될 수 있습니다. 그러나 주봉에서 일봉 그리고 일봉에서 분봉으로 넘어갈수록 다이버전스는 더 자주 나오고 그만큼 신뢰도는 낮아진다는 사실을 명심하시기 바랍니다.

또한 [삼성전자]는 변동성이 큰 종목이 아니기 때문에 다른 종목에 비해 다이버전스 신호가 자주 나오지 않습니다. 따라서 일봉 차트에서 나오는 [삼성전자]의 다이버전스 신호는 적극적으로 매매해 추세전환을 노려야 한다는 좋은 신호가 될 것입니다.

03

[삼성전자] 스윙으로 수익 내자

오랜 기간 보유하면서 한 번에 큰 수익을 노리는 것도 좋은 방법이지만 그런 매수 기회는 자주 오는 것이 아니죠. 그렇기 때문에 큰 수익의 기회가 오기 전까지 2~4주 사이의 비교적 짧은 기간을 잡고 매매하는 스윙 방법으로 매매하면서 기회를 기다리는 것도 좋은 자세입니다.

그럼 스윙으로 매매하는 방법을 알아보도록 하겠습니다.

ABCD 매매

우선 차트를 보면서 설명하도록 하겠습니다.

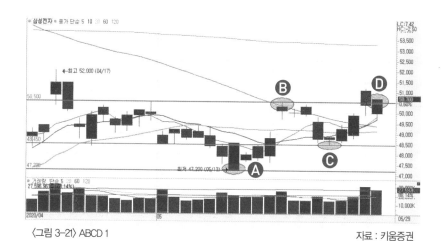

〈그림 3-21〉 ABCD 1

자료 : 키움증권

연속되는 하락으로 나오는 최저점을 A라고 정하고 A 가격(여기서는 4만7200원)을 기준으로 선을 그어 놓습니다. A지점 이후 고점이 계속 갱신되다가 더 이상 고점이 높아지지 않는 자리의 최고점을 B라고 정하고 B 가격(여기서는 5만500원)을 기준으로 또다시 선을 그어 놓습니다. 마지막으로 A와 B 가격 사이의 최저점을 C라고 하고 C 가격(여기서는 4만8450원)을 기준으로 선을 그리면 이제 ABCD를 이용해 매수할 준비를 모두 마친 것입니다.

이제 B지점을 돌파하는 움직임이 나오길 기다리기만 하면 됩니다. B지점을 돌파하는 지점의 종가를 D라고 하고 D 가격(여기서는 5만700원) 부근에서 매수를 진행합니다. 이때 일반적으로 손절은 C지점을 기준으로 이 가격 이하로 하락할 때 하면 되나 C와 D 사이의 가격 차이가 너

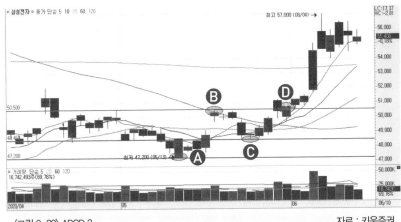

〈그림 3-22〉 ABCD 2   자료 : 키움증권

무 작아서 손절 가격으로 정하기 어려운 경우에는 A지점을 손절 가격으로 잡고 A 가격 이하로 하락하면 손절하면 됩니다.

이후 움직임을 살펴보면 5만7000원까지, 매수 이후 4거래일 만에 12.43% 상승한 것을 확인해볼 수 있습니다. 만약 D지점에서 1000만원 정도 매수하였다고 가정하면 4거래일 만에 약 124만원의 수익을 기록한 것입니다.

앞의 예시에서 보면 알 수 있는 것처럼 ABCD 매매의 시작은 최저점인 A 지점을 결정하는 것입니다. 그렇기 때문에 A지점의 위치를 어떻게 결정하느냐가 가장 중요합니다. 예를 하나 더 살펴보도록 하죠.

〈그림 3-23〉 ABCD 3   자료 : 키움증권

　　위의 예시처럼 A지점이 최저점인 줄 알고 A지점과 B지점을 결정하
고 나서 C지점을 정하려고 지켜보고 있는데 C지점이 A 가격 이하로 하
락하는 경우가 있을 수 있겠죠. 이때는 이전에 결정한 A지점을 취소하고
새로운 최저점을 결정해야 합니다. 위의 예시에서는 2만660원이 새로운
A지점이 되겠죠.

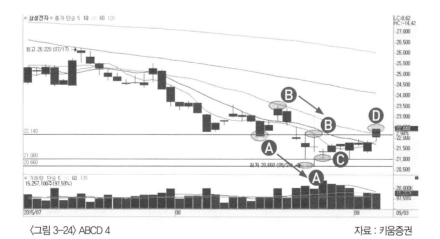

〈그림 3-24〉 ABCD 4   자료 : 키움증권

새로운 A지점이 2만660원으로 바뀌면서 B지점 역시 2만2140원으로 바뀌게 되고 A 가격과 B 가격 사이의 최저점인 2만1000원이 C지점이 되었습니다. 이후 B 가격을 돌파하는 양봉이 나왔으니 이 양봉의 종가인 2만2400원 부근에서 매수하면 되겠죠. 이 지점을 D라고 합니다. 이때 손절은 C지점 가격인 2만1000원으로 잡고 대응하면 될 겁니다. 그럼 이후 움직임을 살펴보죠.

〈그림 3-25〉 ABCD 5 　　　　　　　　　　　　　　　　　자료 : 키움증권

이후 주가는 단기간에 2만3840원까지 상승하면서 6.24%의 수익을 기록했고 두 달 만에 2만7860원까지 상승하면서 24.15%의 수익을 냈습니다. 마찬가지로 1000만원어치를 매수했다고 가정하면 단기간에 약 62만4000원, 두 달 만에 약 241만원의 수익을 얻을 수 있었습니다.

꼬치 매매

이번에 소개해 드리는 꼬치 매매는 전저점 지지를 이용한 매매 방법입니다. 떨어지는 칼날을 잡는 방법인 만큼 손절의 위험성은 높지만 그만큼 최저점에서 매수할 가능성이 높기 때문에 손실은 작게, 수익은 상대적으로 크게 잡을 수 있고 또한 대단히 빠른 시일 내에 수익 실현이 가능하다는 장점이 있습니다.

따라서 잘 연습해서 확실한 무기로 만든다면 주가가 조정을 받을 때도 수익이 가능하게 될 겁니다. 그럼 차트를 보면서 말씀드리도록 하겠습니다.

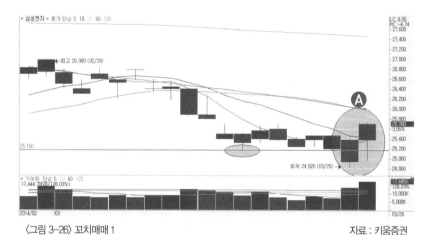

〈그림 3-26〉 꼬치매매 1   자료 : 키움증권

전저점인 2만5160원을 아래꼬리를 단 파란 음봉으로 깨고 내려간 것을 확인할 수 있습니다. 이 음봉의 모습이 꼬치와 비슷하죠? 여기서 주

의할 점은 전저점을 깨는 음봉이나 양봉이 반드시 이런 꼬치 모양으로 아래꼬리를 달고 있어야 한다는 것입니다.

캔들이 아래꼬리를 달고 있다는 것은 직전 저점 부근 가격대에서 장중 저가 매수가 유입되었다는 뜻이고 이런 저가 매수 세력이 강할수록 꼬리는 더 길게 달리게 될 것입니다. 만일 이런 아래꼬리 없이 장대음봉 모양으로 캔들이 만들어졌다면 장중에 저가 매수가 들어오지 않았거나 혹은 저가 매수가 들어왔다 하더라도 매도하는 세력의 힘에 비해 약한 것이기 때문에 추가적으로 더 하락할 가능성이 높습니다.

따라서 직전 저점을 깨고 내려오는 꼬치 모양의 캔들이 완성되는 것을 확인하고 그 다음 양봉이 나오면서 저가 매수가 더 강하게 들어오는 것을 확인하면 그 양봉의 종가인 A지점(여기서는 2만5700원) 부근에서 매수하면 됩니다. 이때 양봉은 꼬치 캔들의 저점(여기서는 2만4820원)을 깨고 내려와서는 안 되고 손절은 꼬치 캔들의 저점(여기서는 2만4820원)으로 잡고 대응하시면 됩니다. 그럼 이후 움직임을 살펴보도록 하겠습니다.

〈그림 3-27〉 꼬치매매 2   자료 : 키움증권

　　매수 이후 단기간에 2만7980원까지 지속적으로 상승하면서 약 9%

가까운 수익을 보여 주었고 매수 이후 2개월여 만에 2만9900원까지

상승하면서 16.34%의 수익을 기록했습니다. 또한 손절을 2만4820원

(-3.42%)으로 굉장히 짧게 잡고 대응할 수 있기 때문에 비교적 큰 금액

을 매수할 수 있습니다. 예를 들어 1000만원을 투자해 매수한다고 할 때

손절을 -3%로 잡으면 손실이 30만원 정도 나지만 만약 손절을 -30%로

정하면 300만원 정도 손실이 나기 때문에 1000만원을 전부 투자해 매수

하기에는 부담스러워집니다.

　　또한 꼬치 매매는 이렇게 하락하는 경우 이외에 상승 중의 조정 구간

에서도 활용할 수 있습니다. 차트를 하나 더 보도록 하겠습니다.

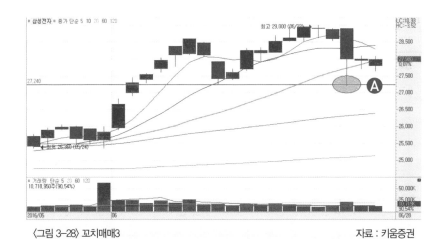

〈그림 3-28〉 꼬치매매3   자료 : 키움증권

　상승추세가 이어지는 가운데 2만7000원에서 2만9000원 사이에서 박
스권을 형성하며 조정을 보이고 있습니다. 이때 직전 저점인 2만7240원
을 살짝 깨고 내려오는 꼬치 모양의 음봉이 나왔습니다. 이후 양봉이 나
오면서 꼬치 모양 캔들의 저점인 2만7200원을 깨고 내려오지 않았으므
로 A지점의 종가인 2만7980원 부근에서 매수할 수 있을 겁니다. 이때
손절은 꼬치 모양 캔들의 저점인 2만7200원(-2.79%)으로 짧게 잡고 대
응이 가능합니다. 이후 움직임을 살펴보면,

〈그림 3-29〉 꼬치매매4   자료 : 키움증권

　　매수 이후 단기간에 지속적으로 3만940원까지 상승하면서 10.58%의
수익을 기록했고 매수 2개월 만에 3만3880원까지 상승하면서 21.09%의
수익을 보여 주었습니다.

　　또한 꼬치 매매는 대부분 최저가 부근에서 매수하고 매수 이후 바로 수익
이 나는 경우가 많으므로 심리적으로 마음 편하게 지켜볼 수 있다는 장점도
있습니다.

현재가 창을 보고 지금 주가가 상승할지 하락할지를 알 수 있다고요?

현재가 창을 보고 오늘 주가가 상승할지 아니면 하락할지 알 수 있다고 하면 믿겨지시나요? 물론 100%는 아니지만 꽤 높은 확률로 알 수 있는 방법이 있습니다. 그러나 대부분의 초보 투자자가 아예 모르거나 잘못 알고 계시는 경우가 많습니다. 우선 [삼성전자]의 현재가 창을 봅시다.

현재가 창의 아래 부분을 보면 ① ② ③과 같이 숫자가 써 있는 것을 확인할 수 있습니다. 여기서 ①은 매도하겠다고 대기 주문을 걸어 놓은 모든 '매도대기물량의 합'이고 ②는 마찬가지로 매수하겠다고 대기 주문을 걸어 놓은 모든 '매수대기물량의 합'입니다. ③은 '매수대기물량의 합'에서 '매도대기물량의 합'을 뺀 것, 즉 ② − ①을 한 결과입니다.

그럼 ③이 플러스라는 것은 매수대기물량의 합인 ②가 매도대기물량의 합인 ①보다 많다(매수대기물량의 합 〉 매도대기물량의 합)는 뜻이겠죠? 그럼 반대로 ③이 마이너스라는 것은 당연히 매수대기물량의 합인 ②가 매도대기물량의 합인 ①보다 적다(매수대기물량의 합 〈 매도대기물량의 합)는 뜻일 겁니다.

증감	59,500	59,400	868,666백만	0.24%	
	587,973	60,400	59,700 시		수
	444,488	60,300	60,100 고		도
	444,003	60,200	59,100 저		투
	465,100	60,100	59,000 기준		외
	1,369,716	60,000	76,700 상		차
	585,163	59,900	41,300 하		뉴
	335,124	59,800	168 비용		권
	288,774	59,700	59,700 예상		기
1	260,410	59,600	655,153 수량		
101	417,934	59,500	▲ 700 +1.19%		
		59,400	250,682		
		59,300	277,863		
		59,200	237,348		
		59,100	237,891		
		59,000	418,427		
		58,900	172,659		
		58,800	155,095		
		58,700	197,342		
		58,600	169,055		
		③58,500	272,909		
100	①5,198,685	-2,809,4	②2,389,271		
		시간외			

상단: 59,500 ▲ 500 +0.85% 14,569,803 39.94%

〈그림 3-30〉 '삼성전자' 현재가 창　　　　　　　　자료 : 키움증권

우리는 현재가창의 ③을 보고 주가가 상승할지 하락할지를 예상해 볼 수 있는데요. 그럼 ③이 플러스일 때 주가가 상승하기 쉬울까요? 아니면 마이너스일 때 상승하기 쉬울까요?

일반적으로 ③이 플러스, 그러니까 매수하려고 대기해 놓은 물량이 많으면 '이 종목을 사려고 하는 사람은 많고 팔려고 하는 사람

은 적은 거 보니까 앞으로 오르겠구나' 하고 생각하기 쉬운데 사실은 그 반대입니다. 매수하려고 대기해 놓은 물량이 많다는 것은 그만큼 사람들이 지금 가격에 매수하기보다는 떨어지길 기다린다는 뜻이고 이는 곧 지금보다 가격이 하락할 가능성이 높다고 생각하는 사람이 많다는 것입니다. 그러니까 급하게 현재가 이상에서 매수할 이유가 없는 거죠.

반대로 ③이 마이너스인 경우에는 매수하는 입장에서 현재가 아래에 매수 대기를 걸어 놓고 있으면 체결이 안 될 것 같고 시간이 더 지나면 오를 것 같으니까 급한 마음에 현재가 이상에서 매수하는 거고, 매도하는 입장에서는 더 상승할 것 같으니 지금 가격보다 더 높은 가격에 매도 대기해 놓고 기다리는 겁니다.

주식이란 파는 쪽(매도)보다 사는 쪽(매수)의 마음이 급해져야 상승하는 법이므로 보통은 ③이 마이너스일 때 상승할 가능성이 높습니다. 따라서 주식을 매수할 때 현재가 창의 ③이 플러스 상태이면 급하게 매수하지 말고 장중에 추가적으로 하락할 가능성을 염두에 두고 대응하고 ③이 마이너스 상태이면 장중에 더 상승할 가능성이 있으니 매수 대기해 놓고 기다리기보다 현재 가격에 매수하는 게 좋습니다.

04

[삼성전자]를 매수하는 강력한 비법, 분할 매수

[삼성전자]의 주가가 하락하면 많은 분들이 어차피 [삼성전자]는 언젠가 오를 테고 저점은 알 수 없으니 '분할 매수'하면 된다고 이야기합니다. 처음 [삼성전자]를 매수하면서 주식 투자를 시작하신 분도 아마 주가가 조정받을 때 분할 매수하면 수익이 날 것이라는 이야기를 많이 들어 보셨을 겁니다.

맞습니다. 주식시장은 중간중간 위기는 있을지언정 경제 규모가 성장하면서 대체로 우상향 곡선을 그리면서 오르기 때문에 [삼성전자] 같은 시장 대표 주식이 하락할 때 상대적으로 저렴한 가격에 분할 매수해 보유하는 전략으로 대응하는 것은 저도 올바른 방법이라고 생각합니다.

그런데 제대로 된 분할 매수 방법은 알고 계시나요? 초보 개인 투자자는 분할 매수에 대한 큰 고민이나 기준 없이 단순히 내가 매수한 가격보다 하락하니까 그래서 내가 손실을 보고 있으니까 매수한 가격, 즉 평균매수단가를 낮추겠다며 계획 없이 추가 매수하는 경우가 많습니다.

이렇게 잘못된 방법으로 분할 매수를 하면 오히려 오랜 기간 동안 손실로 큰 고생을 할 수 있기 때문에 제대로 된 분할 매수 계획을 가지고 매매해야 합니다. 그럼 지금부터 그 무엇보다 강력한 매수 방법인 분할 매수를 제대로 살펴보도록 하겠습니다.

분할 매수란?

분할 매수란 말 그대로 주식을 투자하기로 정한 금액을 한 번에 다 매수하는 게 아니라 여러 번에 나눠서 매수하는 것을 의미합니다. 예를 들어 [삼성전자] 주식을 1000만원어치 매수하기로 했다면 5만원일 때 1000만원어치를 한 번에 다 매수하는 게 아니라 5만원에 500만원어치 매수하고 4만원 일 때 500만원어치를 매수해 4만5000원에 1000만원어치를 매수한 것과 동일한 효과가 나게 하는 것입니다.

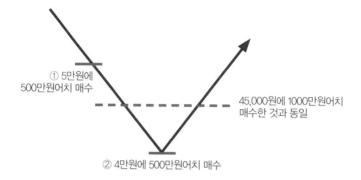

① 5만원에
500만원어치 매수

45,000원에 1000만원어치
매수한 것과 동일

② 4만원에 500만원어치 매수

〈그림 3-31〉 분할매매 1

분할 매수는 왜 하나요?

그럼 [삼성전자] 주식을 그냥 4만5000원일 때 1000만원어치 매수하면 되지 굳이 귀찮게 나눠서 매수하는 이유는 무엇일까요? 그건 우리가 [삼성전자]가 어디까지 조정을 받고 다시 반등할지 모르기 때문입니다. 만약 어느 가격까지 하락할지 정확히 알 수 있다면 굳이 귀찮게 분할 매수 하지 않고 4만5000원이 아니라 저점인 4만원 근처에서 한 번에 매수하는 게 제일 좋겠죠.

그러나 우리는 어디까지 조정을 받을지, 즉 저점이 어디인지 알 수 없기 때문에 조금이라도 더 저점 가격 근처까지 내 평균 매수 단가를 낮춰 수익을 더 많이 내려고 분할 매수를 하는 겁니다.

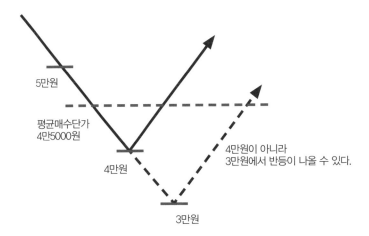

5만원

평균매수단가
4만5000원

4만원

4만원이 아니라
3만원에서 반등이 나올 수 있다.

3만원

〈그림 3-32〉 분할매매 2

그럼 분할 매수는 하락할 때만 하는 건가요?

일반적으로 매수 이후 손실이 발생했을 때 분할 매수를 하시는 분들이 많기 때문에 분할 매수는 매수 후 주가가 하락할 때만 하는 걸로 잘못 알려졌습니다. 그러나 하락할 때 이외에도 주가가 상승할 때 자금을 늘려 수익금을 크게 얻으려고 분할 매수를 진행하는 경우도 있습니다. 이처럼 주가가 하락할 때 추가 매수하는 방식을 '물타기'라고 하고 주가가 상승할 때 추가 매수하는 방식을 '불타기'라고 말하기도 합니다.

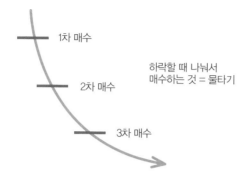

1차 매수

2차 매수

3차 매수

하락할 때 나눠서
매수하는 것 = 물타기

〈그림 3-33〉 물타기

물타기로 추가 매수를 진행할수록 평균매수단가가 상대적으로 저점 가격에 근접하는 장점이 있습니다. 그러나 분할 매수를 완료한 이후 추가 하락하면 대처하기가 어렵고 손실인 상태로 추가 매수를 진행하는 것이기 때문에 반등이 바로 나오지 않으면 심리적으로 흔들릴 가능성이 높습니다.

반면 불타기는 주가가 상승할 때 추가로 매수하는 것이라서 수익인 상태로 지켜보는 경우가 많으므로 심리적으로 안정적인 상태에서 매매할 수 있습니다. 그러나 추가 매수를 할 때마다 평균매수단가가 높아지므로 조금이라도 더 싸게 매수하고 싶은 인간의 본능을 거스르는 것이기도 해서 초보 투자자는 계획대로 분할 매수를 진행하기 어려워하기도 합니다.

대부분의 투자자는 '불타기'보다는 '물타기' 방식으로 분할 매매하는

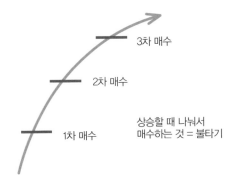

3차 매수

2차 매수

1차 매수   상승할 때 나눠서
               매수하는 것 = 불타기

〈그림 3-34〉 불타기

경우가 많을 겁니다. 그래서 지금은 '물타기' 방식의 분할 매매 방법을
자세히 알아보도록 하겠습니다.

제대로 된 분할 매수 방법을 알려주세요

비중 조절을 잘하셔야 합니다

분할 매수를 할 때 가장 중요한 것은 금액을 어떻게 나눠서 매수할 것
인지 명확한 계획이 있어야 한다는 겁니다. 만약 1차 매수에 비중을 많
이 실어 매수하면 2차나 3차 분할 매수를 아무리 좋은 가격대에서 진행
해도 평균매수단가의 하락폭이 크지 않으므로 분할 매수를 하는 의미가

없어지게 됩니다.

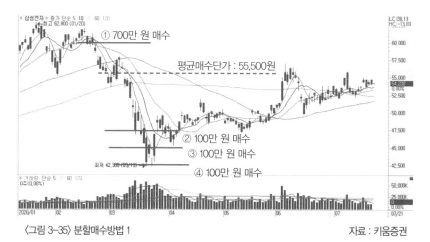

〈그림 3-35〉 분할매수방법 1 　　　　　　　　　　　　　　　　자료 : 키움증권

　예를 들어 [삼성전자]를 1000만원 정도 매수한다고 예정했는데 1차로 6만원에서 전체 금액의 70% 비중을 차지하는 700만원어치를 매수했다고 하면 그 다음에 아무리 하락의 최저점 부근인 4만7500원, 4만5000원, 4만2500원에서 각 100만원어치씩 분할 매수를 했다 하더라도 평균매수단가는 5만5500원이 돼 하락폭이 크지 않습니다.

　또, 만약 동일한 가격으로 분할 매수를 진행하면 2차, 3차로 추가 매수를 하면 할수록 평균매수단가의 하락폭이 줄어들기 때문에 분할 매수의 효율성이 떨어집니다.

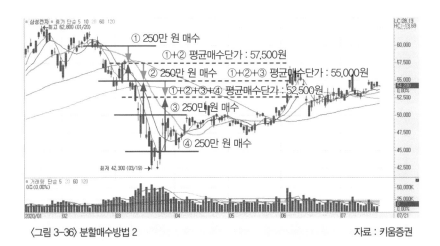

〈그림 3-36〉 분할매수방법 2　　　　　　　　　　　　　자료 : 키움증권

　예를 들어 [삼성전자]를 1000만원어치 매수하려는데 1, 2, 3, 4차 매수를 모두 동일한 금액인 250만원씩 하기로 계획했다고 가정합니다. 1차 매수를 6만원, 2차 매수를 5만5000원에서 진행했을 때는 평균매수단가가 5만7500원으로 1차와 2차 매수 금액의 절반입니다. 그러나 3차 매수를 5만원에서 진행하면 평균매수단가는 5만5000원으로 평균매수단가의 하락폭이 줄어듭니다. 4차 매수를 4만5000원에서 진행하면 평균내수단가는 5만2500원으로 그 하락폭이 더 줄어듭니다.

　결론적으로 말씀드려서 분할 매수를 계획한다면 총 4회에 걸쳐 1:1:2:4의 비율로 매수금액을 분배해 추가 매수를 진행할 때마다 평균매수단가가 확실히 절반씩 줄어들게 해두는 것이 좋습니다.

　예를 들어 [삼성전자]를 1000만원어치 정도 매수한다고 가정합니다.

〈그림 3-37〉 분할매수 방법 3   자료 : 키움증권

1, 2, 3, 4차 매수를 1:1:2:4의 비율로 나눠 100만원, 100만원, 200만원, 400만원을 투자하기로 계획했다고 하면 1차 매수를 6만원, 2차 매수를 5만5000원에서 진행했을 때 평균매수단가는 5만7500원으로 1차와 2차 매수 금액의 절반으로 떨어집니다. 3차 매수를 5만원에서 진행하면 평균매수단가는 5만3750원으로 이전 평균매수단가의 절반으로 줄어듭니다. 마찬가지로 4차 매수를 4만5000원에서 진행하면 평균매수단가는 4만9375원으로 이전 평균매수단가의 절반으로 줄어들게 되는 거죠.

이렇게 추가 매수를 진행할 때마다 평균매수단가를 절반 이상씩 확실히 줄여야 하락에 따른 기술적 반등이 나올 때 수익을 보고 매도해서 포지션을 정리할 기회가 많아집니다. 또한 초반에 매수한 금액이 적기 때문에 초반 손실 때문에 발생하는 심리적 동요도 적어 추가 매수에 대한 부담감 없이 분할 매수를 진행할 수 있습니다.

또한 눈치챈 분들도 계실지 모르겠지만 말씀드린 비중대로 분할 매수를 진행하면 항상 전체 금액의 20%가 남게 됩니다. 앞의 예시에서 보면 1000만원의 20%인 200만원이 현금으로 남아 있습니다. 이렇게 어떤 경우라도 100% 비중으로 주식을 보유하지 말고 일정 부분은 현금으로 보유하다가 예상치 못한 상황에 대비하는 방식으로 자금을 운용하면 심리적으로 흔들리지 않는 매매를 할 수 있고 유사시에는 이 자금을 활용한 매매도 가능할 겁니다.

분할 매수 가격대를 잘 결정해야 합니다

금액을 어떻게 나눠 매수할 것인지 계획을 세웠다면 그 다음으로는 최초 매수 이후 얼마나 더 하락하고 나서 추가 매수를 할 것인지에 대한 계획도 세워야 합니다. 예를 들어 [삼성전자]를 1:1:2:4의 비율로 나눠 분할 매수했다 하더라도, 1차 매수를 6만원에서 하고, 2차 매수를 5만 8750원, 3차 매수를 5만7500원, 4차 매수를 5만6250원으로 약 2% 간격으로 추가 매수했다면, 4차 매수 이후 최종 평균매수단가는 5만7343원으로 1차 매수 가격에 비해 약 4.43%밖에 낮아지지 않았습니다.

이처럼 너무 짧은 하락 구간에서는 분할 매수를 하는 의미가 없겠죠? 그럼 얼마나 하락했을 때 분할 매수를 하면 적절할까요? 각 종목마다 특성이 모두 다르고 그에 따라 주가의 움직임도 모두 달라서 일률적으

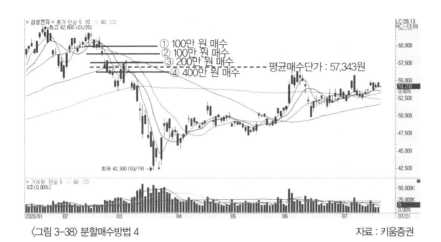

① 100만 원 매수
② 100만 원 매수
③ 200만 원 매수
④ 400만 원 매수

평균매수단가 : 57,343원

〈그림 3-38〉 분할매수방법 4   자료 : 키움증권

로 몇 % 하락하면 매수하라고 말씀드리기는 어렵습니다. 예를 들어 코스피 시총 상위 대형주는 하루에 2~3%도 움직이지 않는 날이 많은 반면 코스닥 일부 종목은 매일 10~20% 정도는 움직이기 때문입니다.

그렇기 때문에 제가 이럴 때 참고하는 ATR이라는 보조지표를 활용해보시면 좋겠습니다.

ATR

ATR(Average True Range)은 시간에 따른 주식가격의 변동성을 나타낸 지표로 예를 들어 [삼성전자]의 7월 22일 ATR(14)가 1078이라는 것은 14일 동안 [삼성전자]의 하루 가격 변동이 평균적으로 1078원 발생했다는 뜻입니다. 즉, 하루에 1078원 정도는 평균적으로 움직인다는 뜻이기 때문에 이 지표를 매도나 손절 그리고 추가 매수의 기준으로 삼을 수 있는 것입니다.

ATR은 증권사 HTS에서 보조지표 형태로 제공하고 있으므로 종목별로 간단하게 확인할 수 있습니다. ATR 설정이 어려운 분은 사용하는 증권사 고객센터로 전화 문의하시기 바랍니다. 친절하게 안내받으실 수 있습니다.

일반적으로 하루에 움직이는 가격의 적어도 2~3배, [삼성전자] 7월 22일 기준으로 2ATR ~ 3ATR인 2156원에서 3234원이 하락할 때 추가 매수를 진행하는 식으로 해당 종목의 평균 움직임을 보고 분할 매수 가격을 결정하면 됩니다.

초보라 잘 모르겠다고 하시는 분들을 위해 [삼성전자] 기준으로 말씀드리자면 지난 2017년 1월부터 2020년 7월 22일까지 약 3년 6개월 동안 평균적으로 1091(ATR(14) 기준)의 변동성을 보였으므로 내가 매수한 가격에서 적어도 3300원 정도 하락했을 때 추가 매수한다고 생각하면 됩니다.

그리고 어차피 분할 매수할 테니 처음 어디서 매수해도 상관없다고 생각하는 분들이 있는데 앞서 살펴본 것처럼 매수를 어디서 시작하느냐에 따라 2차, 3차, 4차 매수의 가격대가 달라지고 그에 따라 수익률과 보유 기간, 심지어는 수익 가능 여부까지 엄청나게 변하게 돼 있습니다. 그렇기 때문에 아무리 분할 매수를 한다고 하더라도 '몰빵'을 한다는 심정으로 처음 매수 시점은 신중하게 선택하시기 바랍니다.

〈그림 3-39〉 분할 매수 방법 5　　　　　　　　　　　　　자료 : 키움증권

처음 계획대로 끝까지 진행하셔야 합니다

대부분의 초보 투자자는 1차와 2차 분할 매수까지는 계획대로 잘 진행하는데 2차 매수 이후에도 주가가 하락하면 그때부터 흔들리기 시작합니다. 2차 추가 매수 이후 하락할 때 손실 나는 금액이 커지니까 3차 혹은 4차 매수한 이후에도 주가가 더 떨어지면 손실이 더 커질까 봐 무서워서 최초 계획한 대로 추가 매수를 하지 못하는 것입니다.

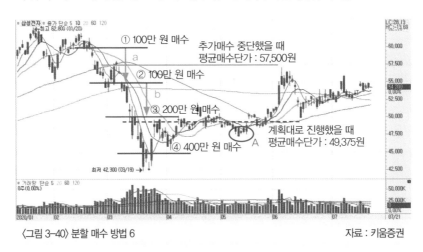

〈그림 3-40〉 분할 매수 방법 6 　　　　　　　　　　　　　　　　자료 : 키움증권

예를 들어 1차 매수 이후 하락하는 a구간에서는 1%당 1만원이 손실 나서 마음은 아프지만 지켜볼 수 있었는데 2차 매수 이후에 하락하는 b구간에서는 1%당 2만원, 즉 이전에 비해 손실이 두 배씩 늘어나니까 걱정이 더 커지는 겁니다. 그래서 3차 매수 시점에서는 조금 더 떨어지면 매수해야겠다는 생각으로 원래 계획과는 다르게 추가 매수를 하고,

그러다 더 하락하면 지켜보길 잘했다며 4차 매수 역시 진행하지 않게 되겠죠.

이후에 반등이 나오면 4차 매수 자리에서 추가 매수를 못 한 것을 아쉬워하고 A지점에서라도 추가 매수를 하려 하다가 대부분 4차 매수 가격이었던 4만5000원이 생각나 다시 하락하길 기다리며 매수를 못 하게 됩니다.

결국 원래 계획대로 분할 매수를 했다면 충분히 큰 수익을 내고 마무리할 수 있었던 매매를 손실로 마무리하게 될 가능성이 커졌습니다. 또한 수익이 난다 하더라도 매수 금액이 적고 평균매수단가가 높기 때문에 원래 계획한 분할 매수에 비해 크게 낮은 수익률과 적은 수익금을 거두고 마무리할 수밖에 없게 됩니다.

따라서 분할 매수를 계획하고 매수를 진행했으면 초심을 잃지 말고 꼭 계획한 대로 매매를 끝까지 마무리하시기 바랍니다. 그래야 혹시 4차 매수 이후에 손절로 마무리되더라도 그 다음 매매에서 손실 이상의 수익을 거둘 여지가 생기는 것입니다. 만약 계획대로 진행하지 못했는데 수익이 났다고 하면 다음에 같은 상황이 왔을 때 또 계획대로 진행하지 않을 가능성이 높겠죠? 그럼 그걸 매매 원칙이라고 할 수 있을까요? 오히려 그런 수익이 독이 돼 원칙 없이 마구잡이로 매매하게 되는 결과를 낳는 겁니다.

그렇다고 분할 매수가 만능이고 무조건 수익이 나니 끝까지 들고 가라는 이야기는 절대 아닙니다. 아무리 우량주고 대형주라 하더라도 시장 상황 변화에 따라 이전 가격을 회복하지 못하는 경우도 있습니다.

〈그림 3-41〉 분할 매수도 손절이 필요   자료 : 키움증권

예를 들어 3년전 [POSCO]를 40만원에서 30만원 사이에 분할 매수하신 분들은 수익을 낼 만한 이렇다 할 기회가 없었기 때문에 손절을 하지 못하고 매수금액의 50% 이상 손실이 난 상태에서 힘들어하고 계실 겁니다.

따라서 만약 4차 매수까지 진행했는데도 하락한다면 마지막 평균매수단가를 기준으로 본인이 감당할 수 있는 손절 가격을 반드시 정하고, 손절 가격 이하로 하락하면 비록 손실 중이라 하더라도 매도로 대응해야 합니다.

05

매수보다 어려운 매도 방법

낮은 가격에 사서 높은 가격에 파는 것이 주식 매매의 절대적인 원칙입니다. 대부분의 초보 투자자가 낮은 가격에 사는 것에 중점에 두고 더 낮은 가격에 매수하는 기법에 많은 관심을 보입니다. 그러나 조금 더 오랫동안 주식 시장에서 경험을 쌓은 분들은 매수보다 높은 가격에 파는 것에 중점을 두고 더 높은 가격에 매도하는 방법을 고민합니다. 아마 대부분 나중에는 매수보다 훨씬 더 어렵고 중요한 게 매도라는 것을 알게 되실 겁니다.

그럼 이번에는 여러 가지 매도 방법을 간단히 알아보도록 하죠.

이동평균선(이평선)을 이용한 매도

이동평균선은 일정 기간 동안의 주가를 평균한 값으로 예를 들어 '5일 이동평균선'이라고 하면 5일 동안의 주가를 합산한 뒤 5로 나눈 값을 의미합니다. 이는 주가의 평균치를 나타내는 지표로 현재의 주가가 평균적인 주가 움직임과 얼마나 떨어져 있는지를 파악하고 평균적인 주가의 움직임이 어디를 향하고 있는지 확인하는 데 쓰입니다.

이평선을 이용한 매매 방법은 여러 가지가 있지만 여기서는 정말 간단한 매도 방법을 말씀드리겠습니다.

〈그림 3-42〉 이평선을 이용한 매도 　　　　　　　　　　 자료 : 키움증권

예를 들어 3만8000원에서 매수했다고 가정했을 때 만일 '5일 이평선'을 매도 기준으로 잡았다면 종가상 5일 이평선 아래로 내려가는 A지점에서 매도하면 되고 '20일 이평선'을 매도 기준으로 잡았다면 종가상

20일 이평선 아래로 내려가는 B지점에서 매도하면 됩니다.

이때 어느 이평선을 기준으로 매도할지는 사람마다 다르지만 보통 단기로 종목을 보는 분들은 3일이나 5일 이평선을 기준으로 하고 스윙으로 매매하는 분들은 10일이나 20일 이평선을 기준으로 합니다. 그러나 정해진 기준이 있는 것도 아니기 때문에 본인만의 매도 기준을 정해도 됩니다. 예를 들어 12일이나 17일 이동평균선같이 말이죠.

지지선이나 저항선을 이용한 매도

하락하던 주가가 하락을 멈추고 상승으로 반전하는 지점을 '지지선'이라고 하고 반대로 상승하던 주가가 상승을 이어가지 못하고 하락 반전하는 지점을 '저항선'이라고 합니다. 이때 저항선으로 작용하던 지점을 돌파하면 저항선이 지지선으로 변하기도 하고 반대로 지지선으로 작용하던 지점이 무너지면 지지선이 저항선으로 변하기도 합니다.

이런 지지선과 저항선을 이용해서 매수하는 방법도 있지만 여기서는 이를 이용해 매도하는 방법을 알아보도록 하겠습니다.

예를 들어 녹색 사각형이 있는 4만3500원 부근에서 매수했다고 하면 직전에 저항선과 지지선으로 작용하던 A지점인 4만4500원 부근에서 보유 물량의 절반을 매도하고 4만4500원을 돌파한다면 이전에 저항선으로 작용했던 B지점인 4만7300원 부근에서 나머지 물량을 매도하는 방

〈그림 3-43〉 지지선이나 저항선을 이용한 매도   자료 : 키움증권

식으로 대응할 수 있습니다.

　지지선이나 저항선 부근에서 주가의 움직임이 바뀔 가능성이 높으므로 이를 기준점으로 삼아 기준점에 도달할 때마다 분할 매도 하는 방식으로 활용할 수 있습니다. 기준점에서 일단 보유 물량의 일부를 매도한 이후에 지지선이나 저항선을 돌파하면 추가 상승을 기대하면서 보유하고, 돌파하지 못하면 나머지 물량도 매도를 고려하면 되겠죠.

고점 대비 하락을 이용한 매도

　만약 주가가 신고가를 경신해서 계속 상승한다면 매도 기준으로 삼을 만한 지지나 저항이 없기 때문에 어느 정도 가격에서 매도해야 할지 결정하기 어려울 때가 있습니다. 이때 사용해볼 수 있는 방법이 바로 '트레일링 스탑(Trailing Stop)' 입니다.

트레일링 스탑은 현재 주가가 고점 대비 일정한 수준만큼 하락하면 매도하는 것을 의미하는데 이때 '일정한 수준만큼의 하락'을 고점 대비 10%로 정하느냐 아니면 20%로 정하느냐에 따라 매도 시기가 바뀌고 수익률과 수익 금액이 변하기 때문에 이를 얼마로 결정하느냐가 굉장히 중요한 요소입니다.

이때 앞서 분할 매수 방법에서 살펴본 ATR을 매도에 활용할 수 있습니다. ATR은 하루의 평균적인 가격 변동을 나타내므로 만약 고점에 비해 일반적인 움직임보다 많이 하락한다고 하면 하락추세로의 전환을 의심해볼 수 있겠죠.

따라서 '고점 − 3ATR' 가격까지 하락하면 매도한다는 식으로 매도 가격을 결정하는 데 활용할 수 있습니다.

〈그림 3-44〉 고점 대비 하락을 이용한 매도　　　　　자료 : 키움증권

예를 들어 5만원에서 매수한 이후 주가가 계속 올라 신고가를 경신하는 중이라면 최고 가격인 6만2800원의 14일 기준 ATR이 1278원이므로 '62,800−(3×1,278)'인 5만8966원 이하로 하락한 A지점에서 매도하면 되는 것입니다.

ATR의 몇 배만큼 하락했을 때 매도할 것인가는 본인의 매매 스타일에 따라 결정하면 됩니다. 너무 작은 배수에서 매도하면 최고가 부근에서 수익은 실현할 수 있으나 큰 추세를 따라가기 어렵고 너무 큰 배수에서 매도하면 큰 추세를 따라갈 가능성은 높아지나 최고가 대비 많이 하락한 지점에서 수익실현을 하게 됩니다. 일반적으로는 3배를 많이 사용하므로 3ATR을 기준으로 본인의 매매 스타일과 성향에 맞게 조금씩 변형해서 사용하는 것이 좋습니다.

Part 4

[삼성전자]와
자금관리

01

개인 투자자가
손실을 보는 이유

대박의 꿈을 안고 주식 시장에 들어온 개인 투자자의 약 80%가 손실을 보고 있다는 통계가 있습니다. 개인 투자자라고 해서 모든 종목에서 매번 손실을 보는 것도 아니고 수익 나는 종목도 분명히 있을 텐데 대부분 손실이 나고 있는 이유는 무엇일까요? 주식 시장에서 성공하려면 다른 이들의 실패를 반면교사 삼아야 할 필요가 있습니다.

기준 없는 매매

초보 투자자는 경제방송이나 유튜브 혹은 인터넷에서 다른 이들이 좋다고 하는 종목을 매수하거나, 많이 올랐던 종목이 크게 하락했으니 다시 예전 가격으로 오를 것이란 기대로 종목을 매수하는 경우가 많습니다.

그러나 이런 종목은 대부분 이미 시장의 관심을 받아 많이 올랐을 가능성이 높습니다. 또한 고점에 비해 많이 하락했다는 이야기는 그만큼 변동성이 크다는 뜻이고, 소위 말하는 테마주나 작전주일 가능성이 높기 때문에 초보 투자자가 접근하기에는 위험성이 큽니다.

또한 이렇게 남의 말을 듣고 매수하거나 단순히 어제보다 하락했다고 매수하는 경우에는 설령 이번 매매에서 수익을 냈다 하더라도 일정한 기준이 없기 때문에 다음 매매에서 같은 방식으로 수익을 내리란 보장을 할 수 없습니다. 또한 이럴 때는 대부분 손절에 대한 언급이나 계획이 없으므로 예상치 못하게 주가가 하락하면 손실이 눈덩이처럼 불어날 가능성이 높습니다.

이처럼 본인만의 정확한 기준 없이 주식을 매매하면 처음 한두 번 수익이 났다 하더라도 그 행운을 계속 이어가기 어렵고 혹시 손실이 나면 어디서 손절해야 할지 모르기 때문에 손실이 커지는 결과를 낳기 쉽습니다.

또한 매매가 끝난 이후에 무엇이 잘되고 무엇이 잘못되었는지 확인할 기준이 없기 때문에 손실을 통해 배우는 게 없게 되겠죠. 저는 주식 시장에서 오랫동안 매매하면서 수익이 날 때보다 손실이 날 때의 경험을 통해 발전하는 경우를 많이 보았습니다. 기준이 없다면 손실에서 배울 수 있는 게 없기 때문에 장기적으로는 본인의 발전에 도움이 되지 않습니다.

따라서 초보 투자자는 어떤 방법이든 간에 우선 본인만의 정확한 매매 기준을 세워 매매하는 것을 목표로 삼아야 합니다.

'손익비'에 대한 이해 부족

대부분의 초보 투자자는 몇 번 매수해서 몇 번 수익이 났느냐 여부를 중요하게 생각하는 경향이 있습니다. 수익 금액이 얼마가 되었건 간에 수익으로 마무리하면 계좌에 수익이 쌓이는 느낌이 들고 기분이 좋기 때문에 승률을 중요하게 생각하는 거죠. 그러면서 두세 번 연속으로 수익이 나면, 이렇게 계속 수익이 나면 월말에는 얼마를 벌 테고 일 년이면 얼마를 벌겠구나 하는 계산을 하면서 미래에 대한 희망을 품게 되는 거죠.

그러나 아쉽게도 대부분은 그 계획대로 진행되지 않습니다.

〈그림 4-1〉 10회 매매하는 경우

예를 들어 위 그림처럼 열 번 매수해서 여덟 번 수익이 나고 두 번 손절했다고 하면 승률은,

$$승률 = 수익 \ 매매 \ 횟수 \div 전체 \ 매매 \ 횟수 \times 100$$

으로 계산하므로 무려 80%의 승률을 기록했습니다. 승률로만 본다면 굉장히 잘한 매매라고 볼 수 있겠죠. 그런데 조금만 수익이 나면 매도해서 수익을 실현하고 손절은 못 해서 물려 있다가 손실이 너무 커지면 어쩔 수 없이 했기 때문에 여덟 번의 수익에서 평균수익금액이 10만원이고 두 번의 평균손실금액이 50만원이 되었다고 가정해 봅시다. 그럼 분명히 수익을 자주 내서 전체 계좌도 수익일 것 같은데 실제 계산해 보면 20만원 손해를 보고 있는 겁니다. 왜 그럴까요?

이건 수익과 손실에 대한 비율인 '손익비'에 대한 고민이 없었기 때문입니다. 손익비는,

$$손익비 = 수익 \ 평균금액 \div 손실 \ 평균금액$$

으로 계산하면 되고 이때 손익비가 1보다 크면 평균적으로 손절 금액에 비해 수익 금액이 더 많다는 의미이고 1보다 작으면 평균적으로 수익 금액에 비해 손절 금액이 더 크다는 의미입니다. 예를 들어 앞과 같은 경우 손익비는 0.2(10만원 ÷ 50만원)가 되고 수익에 비해 손절 금액이 훨씬 크기 때문에 승률이 80%라 하더라도 매매를 계속 진행할수록 전체 계좌는 손실이 커지게 되겠죠.

그러나 만약 손익비가 1 이상, 즉 손절할 때보다 조금이라도 더 많은 수익을 내고 나온다고 한다면 승률이 50%만 돼도 전체 계좌에 수익은 꾸준히 쌓여갈 것입니다.

이처럼 나의 주식 매매가 제대로 된 방향으로 나아가고 있는지 확인하려면 승률과 손익비를 함께 고려해야 합니다. 전체 계좌의 수익에 미치는 영향은 승률보다 손익비가 훨씬 더 큽니다. 따라서 매매할 때 적어도 내가 손절하는 금액보다는 조금이라도 더 크게 수익을 내고 나오려고 노력해야 합니다.

비중 조절을 무시

마지막으로 개인 투자자가 손실을 보는 가장 큰 이유 중 하나는 바로 비중 조절을 잘하지 못하기 때문입니다. 예를 들어 1000만원을 가지고 두 종목을 매수했는데 A주식은 −5% 손실 중이고 B주식은 10% 수익 중이라고 하면 보통은 매매를 잘하고 있다고 생각하기 쉽습니다.

그런데 −5% 손실 중인 A주식을 900만원(전체 비중의 90%) 매수하고 10% 수익 중인 B주식을 100만원(전체 비중의 10%) 매수했다고 하면 A주식은 −45만원 손실 중이고 B주식은 10만원 수익 중이기 때문에 전체 계좌는 35만원 손실 중인 겁니다.

〈표 4-1〉 비중 조절 실패

종목	A	B
수익률	-5%	10%
비중	90%(900만원 매수)	10%(100만원 매수)
손익	-45만원	10만원
전체 계좌수익	-35만원	

이처럼 보유 종목 간의 비중을 다르게 해서 특정 종목의 비중을 높여 매매한다면 단 한 번의 손실로 전체 계좌가 회복하기 어려운 상황에 처할 수도 있습니다. 따라서 특정 종목의 비중을 높이는, 이른바 '몰빵' 스타일로 매매하지 마시고 종목별로 자금을 균등하게 분배해서 한 종목에서 손실이 난다고 해도 다른 종목으로 충분히 만회 가능한 포트폴리오를 구성하시는 것이 좋습니다.

02

자금관리

일반적으로 자금관리라고 말씀드리면 어느 종목에 얼마를 투자하고 다른 종목에 얼마를 투자하는 '분산투자'라고 생각하시는 분들이 많습니다. 물론 넓게 보면 이것도 자금관리라고 할 수 있지만 제가 지금부터 말씀드리려는 자금관리는 전체 계좌에서 수익을 내는 측면에서 좀 더 핵심적인 역할을 할 것입니다.

예를 들어 오늘 손실을 크게 본 초보 주식 투자자 A씨와 B씨가 있다고 생각해 봅시다. A씨는 본인이 손실을 본 사실이 너무나 화가 나서

'빨리 원금을 회복해야 되니까 다음에는 두 배의 돈으로 매매해서 한 번에 회복해야겠다.'

라고 생각하고 다음 매매에 두 배의 자금을 투입해서 매매합니다. 반면 B씨는 본인이 손해 본 사실이 너무나 마음이 아파서,

'승률 80%의 기법으로 매매했는데 왜 손실이 났지? 큰일이다. 다음에도 손해나면 안 되니까 다음에는 더 적은 금액으로 매매해야겠다.'

라고 생각하고 다음 매매에는 2분의 1의 금액만 투입해서 매매합니다.

방금 살펴본 두 투자자를 여러분은 어떻게 평가하나요? 좋은 방식으로 매매하고 있는 것 같나요? 아니죠. 두 분 다 자금관리 측면에서 보면 잘못된 방식으로 매매하고 있습니다.

A씨는 운이 좋으면 다음 매매에서 수익을 내서 한 번에 원금 회복을 할 수 있지만 만약 다음 매매에서도 손실을 본다면 그 한 번의 매매가 회복할 수 없는 피해가 돼 주식 시장을 떠나야 할 가능성이 높습니다.

반면 B씨는 다음 매매에서 수익을 보든 손실을 보든 전체 계좌에 주는 영향이 적기 때문에 경우에 따라 주식 매매를 계속하는 의미가 없을 수도 있습니다.

결국 A씨는 한 번에 큰 손해를 보고 주식 시장을 떠날 가능성이 높은 반면 B씨는 돈을 벌지도 잃지도 않는 어중간한 투자자가 돼 주식 투자에 흥미를 잃을 가능성이 높습니다. 이건 매매 기법의 문제도 아니고 투자자 마인드의 문제도 아닙니다. 자금관리에 대한 개념이 없어서 그런

겁니다.

A씨와 비슷하게 투자하는 것을 마팅게일 방식이라고 하고 B씨와 비슷하게 투자하는 것을 반마팅게일 방식이라고 합니다. 이는 카지노 게임에서 나온 고전 전략으로 용어 자체가 중요한 건 아니기 때문에 이름은 모르셔도 됩니다. 다만 그 내용은 주목해야 합니다.

결론부터 말씀드리면 자금관리는 A씨보다는 차라리 B씨와 같이 반마팅게일 방식으로 하는 것이 좋습니다. 그럼 최소한 깡통은 차지 않을 테니까요. 다만 주식 투자를 통해 돈을 벌고 싶다면 B씨처럼 손실을 본 후에 투자금을 줄이는 것은 맞지만 일정한 원칙에 맞게 줄여야 한다는 것이고, 또 하나는 수익을 볼 때는 원칙에 따라 투자금을 일정하게 늘려야 한다는 것입니다.

제가 지금까지 손실을 보았을 경우만 예를 들어 설명해서 '자금관리는 손실을 보았을 때 한 번에 망하게 않게 하는 건가 보네. 난 몰빵 안 해서 한 번에 망할 리 없으니까 자금관리는 신경 안 써도 되겠다'라고 생각하시는 분이 계시다면 반은 맞고 반은 틀린 겁니다.

자금관리는 연속적인 손실을 볼 때 파산하지 않게 해주는 최소한의 안전 장치인 동시에 연속적인 수익이 날 때 기하급수적인 수익을 낼 수 있게 해주는 마법의 공식이기 때문입니다. 수익이나 손실 결과에 따라 투자금을 재분배하는 것이 제대로 된 자금관리의 핵심입니다. 그렇기 때문에 어떤 방식으로 자금관리를 하든 일정한 원칙에 따라 수익이 나면 그 다음 투자에 투자금액을 늘리고 손실이 나면 그 다음 투자에서 투자금액을 줄이는 방식을 벗어나서는 안 됩니다.

여러분도 잘 아시겠지만 모든 매매 기법이 모든 시기에 다 잘 맞는 것이 아닙니다. 매매 기법은 잘 맞는 시기가 있고 반대로 잘 안 맞는 시기가 있습니다. 따라서 기법이 잘 맞을 때는 투자금을 늘려 수익을 극대화해야 하고 기법이 잘 맞지 않을 때는 투자금을 줄여 손실을 최소화해야 하는 것입니다. 다시 한번 강조하지만 어떤 자금관리도 이 원칙에서 벗어나지 않습니다.

그럼 우리의 투자금을 마법과도 같은 복리 효과로 늘려줄 자금관리 방법에는 어떤 것들이 있을까요? 손실 금액 고정, 자산 고정, 비율 고정, 리스크 비율 고정, 변동성 고정 등등 수많은 방법이 있으나 이 많은 방법 중에서 제가 쓰고 있고 여러분께 추천드리고 싶은 '리스크 비율 고정 방식'에 대해 이야기하려 합니다. 흔히 '2%룰'로 잘 알려져 있는 방법입니다.

2% 룰(Rule)

간단하게 설명드리자면 '2%룰'은 전체 투자금에서 한 번의 매매당 손실을 2%로 제한하는 것입니다. 전체 투자금의 2% 비중으로 매수하라는 것이 아니고 한 번의 매매에 전체 투자금의 2%만 손실을 허용하라는 뜻입니다. 정말 간단하죠? 그럼 이렇게 간단한 전략이 어떻게 파산을 막아 주고 수익은 기하급수적으로 늘려 주는지 말씀드리겠습니다.

예를 들어 100만원의 투자금을 가지고 매매를 한다면 2%룰에 의해 한 번의 매매당 손실 제한 금액은 2만원이 될 것입니다.

만약 첫 번째 매매에서 손해를 보았다면 어떻게 될까요? 100만원에서 그 2%인 2만원을 손해 보았으니 이제 투자금은 98만원이 되겠죠? 따라서 다음에 제한 금액은 98만원의 2%인 1만9600원이 됩니다.

다시 한번 손해를 본다면 투자금은 얼마가 될까요? 투자금은 98만원에서 그 2%인 1만9600원을 뺀 금액, 즉 96만400원이 되겠죠. 그럼 다음에 손해를 볼 수 있는 최대 금액은 96만400원의 2%인 1만9208원이 됩니다. 이렇게 200회 연속으로 손해를 보았다고 가정하고 계산해 보면 다음과 같은 그래프가 됩니다.

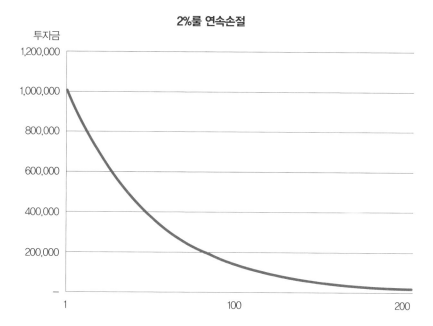

2%룰 연속손절

투자금

〈그림 4–2〉 2%룰로 200회 연속 손실 시

200번이나 연속 손실을 보아도 파산하지 않았고 투자금은 1만7949원이 남게 되었습니다. 이론적으로는 무한히 손해를 보아도 파산하지 않게 되는 겁니다. 물론 0원을 향해 한없이 수렴해 가겠지만 말이죠.

그럼 반대의 경우를 생각해 보겠습니다. 만약 첫 번째 매매에서 수익을 보았다면 어떻게 될까요? 수익 실현을 어떻게 하느냐에 따라 결과값이 달라지겠지만 여기서는 2%룰의 손익비가 1이 되는 가격인 2%로 수익을 일정하게 실현했다고 가정해 보겠습니다.

100만원에서 그 2%인 2만원을 수익을 보았으니 이제 투자금은 102만원이 됩니다. 이때 다음에 손해 볼 수 있는 최대 금액은 102만원의 2%인 2만400원이 되겠죠.

다시 한번 수익을 본다면 투자금은 얼마가 될까요? 투자금 102만원에서 그 2%인 2만400원의 수익을 냈다고 가정하면 투자금은 104만400원이 되고 다음에 손해를 허용하는 금액은 104만400원의 2%인 2만808원이 됩니다. 이런 식으로 계속 200회 연속으로 수익을 보았다고 가정하고 계산해 보면 다음과 같은 그래프가 됩니다.

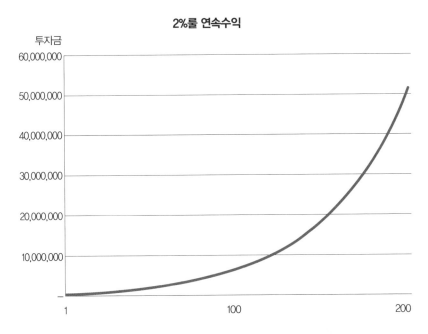

〈그림 4-3〉 2%룰로 200회 연속 수익 시

복리의 마법에 의해 수익 곡선은 가파르게 상승하게 되고 투자금의 2%씩만 일정하게 수익이 나면 100만원의 투자금이 200번 매매만에 5145만5782원이 되는 어마어마한 결과입니다.

물론 200회 연속으로 손실이 나는 경우도 200회 연속으로 수익이 나는 경우도 없으니 비현실적인 그래프가 되겠지만 왜 자금관리를 할 때 손해를 보면 다음 매매 시 투입 자금을 줄이고 수익을 보면 다음 매매 시 투입 자금을 늘려야 하는지를 잘 알 수 있었을 것입니다.

그럼 이제부터 우리가 매일 매매하기 전에 해야 할 일이 무엇일까요? 오늘은 무슨 종목이 제일 잘나갈까? 아니면 뉴스는 뭐가 있을까? 하고 검색하기 전에 우선 본인의 투자금이 얼마고 오늘은 얼마의 손해를 감당할 수 있는가를 확인해 보고, 매매할 때는 얼마의 자금을 투입할지 결정하는 것이 제일 중요한 일이겠죠?

이제부터 반드시 매일 아침 투자금을 확인하고, 최대 손실 가능 금액을 확인하시고, 그 최대 손실 가능 금액에 맞춰 오늘 매수할 금액을 결정하시기 바랍니다. 이 작은 습관 하나가 주식 투자의 성공과 실패를 가르는 결정적인 역할을 하게 될 것입니다.

2%룰 실제 적용 방법

그럼 실제 매매에 2%룰을 어떻게 적용하면 되는지 차트를 보면서 살펴보도록 하겠습니다.

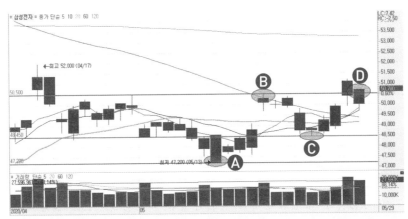

〈그림 4-4〉 2%룰 1   자료 : 키움증권

앞서 3장에서 말씀드린 ABCD 매매를 예로 들어 보겠습니다. 전고점인 B를 돌파하는 D지점에서 매수한다면 손절을 어디로 잡아야 한다고 했죠? 맞습니다. A나 C 지점 둘 중에 한 곳을 잡으면 된다고 했습니다. 보수적이고 장기적인 투자를 하신다면 A지점을 손절 라인으로 잡으시고 좀 더 공격적이고 짧은 매매를 원하시면 C지점을 손절 라인으로 잡으시면 됩니다.

우선 투자금이 1000만원이 있고 C라인을 손절 라인으로 잡았다고 가정하겠습니다. 2%룰에 의해 매수할 수 있는 주식의 수는 총 몇 주일까요?

따라 하시기 쉽게 단계별로 설명드리면,

1. 총투자금 1000만원의 2%인 20만원이 이번 매매에서 감당할 수 있는 손실 금액이 됩니다.

2. D지점인 5만500원에서 C라인 4만8450원까지의 금액(50,500-48,450 = 2,050)인 2050원이 1주당 손실 가능 금액이 됩니다.

3. 따라서 이번 매매에서 매수 할 수 있는 최대 주식 수는,

최대 매수 가능 주식수 = 최대 손실금 가능 금액 ÷ 1주당 손실 금액

으로 계산할 수 있으므로 '20만원 ÷ 2050원 = 97.56'이 되고, 따라서 97주를 매수하실 수 있는 겁니다.

만약 A라인을 손절 라인으로 잡았다고 하면 20만원 ÷ (5만500원-4만7200원) = 60.60이 되고 주식을 소수점으로 매수할 수 없으므로 소수점 이하를 버려 60주를 매수하실 수 있겠죠.

이를 공식으로 간단하게 말씀드리면 아래와 같습니다.

(총투자금액×2%) ÷ (매수금액-손절금액) = 매수 가능 수량

그럼 계속해서 차트를 보겠습니다.

〈그림 4-5〉 2%룰 2

자료 : 키움증권

　만약 C지점을 손절로 잡고 2%룰에 맞게 97주를 매수했다면 적어도 손익비가 1이 되는 지점인 5만2550원 이상에서 수익 실현을 고려하면 되고 A지점을 손절 라인으로 잡고 60주를 매수했다면 마찬가지로 적어도 손익비가 1이 되는 지점인 5만3850원 이상에서 수익 실현을 고민해 보면 됩니다.

　혹시라도 손실이 발생한다고 하더라도 1000만원의 2%인 20만원밖에 손실이 나지 않기 때문에 심리적으로 안정된 상태에서 원래 계획한 방식대로 끝까지 원칙을 지키면서 매매할 수 있고 전체 투자금에 비하면 부담되는 금액이 아니기 때문에 다음 매매에서 충분히 만회할 수 있을 겁니다.

　참고로 왜 꼭 2%여야 하느냐라고 궁금해하실 수 있는데, 사실 반드시 2%여야 할 필요는 없습니다. 1%여도 되고 3%나 5%여도 괜찮습니다. 다만 너무 작은 퍼센티지로 매매하면 의미 있는 수익과 손실이 나지 않을 것이고 너무 큰 퍼센티지로 매매하면 그만큼 파산 위험이 커지게 될 것입니다. 2%를 기준으로 해서 본인의 투자 성향과 투자금에 맞게 조절하시되 5%를 넘기지는 않는 선에서 적용하시기 바랍니다.

또한 같은 2%라도 100만원의 2%와 1억원의 2%는 부담감이 완전히 달라질 수밖에 없습니다. 100만원의 2%인 2만원은 손절하는 데 별 부담이 없지만 1억원의 2%인 200만원은 손절하기에 큰 부담일 수 있기 때문입니다. 따라서 만약 투자금액이 크다면 무조건 2%를 적용하지 말고 본인이 잃어도 심리적으로 흔들리지 않을 금액을 최대 손실액으로 정해서 매매하는 것이 좋습니다.

주식 투자에서 자금관리의 중요성은 아무리 강조해도 지나치지 않습니다. 저는 감히 주식 투자의 성패는 자금관리에서 난다고 단언할 수 있습니다. 부디 자금관리를 염두에 두고, 주식 투자를 하면서 도박같이 한 방으로 큰 수익을 내려 하지 말고 복리의 힘을 믿고 길게 보는 사업적인 마인드로 접근하시길 바랍니다.

03

매매 일지의 작성과 활용

이런 저런 과정을 거쳐 보유 주식을 매도해서 한 번의 매매가 끝났다면 손실로 끝난 매매든 아니면 수익으로 끝난 매매든 간에 그 매매를 정리하는 매매 일지를 작성할 시간입니다.

'어차피 HTS에 얼마에 사고 얼마에 팔았는지 다 나오는데 무엇하러 귀찮게 그런 걸 하나? 그럴 시간에 내일 급등할 종목이나 더 찾아보는 게 더 이득이다'라고 혹시 생각하시는 분 계시나요? 정말 그럴까요?

예를 들어 여기 치킨집을 창업한 사장님이 두 분 계시다고 생각해 봅시다. A 사장님은 가게 영업 시간이 끝나면 그날 매출만 확인하고 퇴근하기 바쁩니다. 반면 B 사장님은 가게 영업 시간이 끝난 후에 오히려 더 바빠지는 것 같습니다. 그날의 매출 확인은 기본이고 그날 가장 잘나간

메뉴가 무엇이었는지, 신메뉴가 나왔다면 그 메뉴의 매출은 어땠는지, 오늘의 주 고객층의 나이는 어땠는지 등을 매일매일 기록하고 하루를 마감했습니다. 과연 3년 후에 어느 사장님의 가게가 더 잘되고 있을까요? 누가 봐도 명확하지 않습니까? 특별한 사정이 없는 한 당연히 B 사장님이 더 성공하셨을 겁니다.

왜 그럴까요? 단순히 B 사장님이 더 열심히 해서일까요? 아닙니다. 매출이 계속 잘 나올 때는 두 분의 차이가 느껴지지 않지만 창업 이후 매출이 줄기 시작하면 그때부터 격차가 벌어지기 시작합니다. A 사장님은 왜 매출이 줄어드는지 알 수 없어서 이런 저런 시도를 하시다가 그 원인을 찾지 못하고 실패하기 쉽지만 B 사장님은 매출이 줄기 시작하면 그동안 쌓아 놓은 기록을 가지고 어디에 문제가 있어서 매출이 줄어들고 있는지를 한번에 찾을 수 있기 때문에 성공하실 가능성이 높은 겁니다.

주식 매매를 하는 우리들도 마찬가지입니다. 한 번의 매매에서 단순히 얼마를 벌고 얼마를 잃었느냐가 중요한 것이 아닙니다. 계속 수익이 나고 있을 때는 모르지만 연속적으로 매매가 실패하고 손실이 나기 시작했을 때 매매 일지는 큰 힘을 발휘할 것입니다.

그럼 매매 일지는 어떻게 써야 할까요? 그냥 얼마에 사고 얼마에 팔았는지 기록해 놓으면 될까요? 아닙니다. 그런 거라면 HTS에 당일 실현 손익부터 월별, 연도별 손익 내용까지 자세히 나오는데 그것만 따로 기록해 놓을 필요가 없겠죠.

매매 일지를 쓰는 정해진 양식은 없으니 자신이 보기 편한 대로 정리하면 되지만 만약 본인만의 방법이 없다면 다음의 단계를 참고하셔서 작성해 보시기 바랍니다.

매수

1. 매수가격, 손절가격, 청산계획을 정해서 기록해 놓아야 합니다.
2. 매수가격, 손절가격을 정한 이유를 적어 놓아야 합니다.

예를 들어 "ABCD 매매 기법으로 4만5000원에 도달하면 매수하고 손절은 A라인 아래인 4만원에서, 청산은 손익비가 1이 되는 지점인 5만원에 닿으면 한다"와 같은 식으로 매수, 손절, 청산의 이유와 가격을 명확히 적어 놓아야 합니다.

대충 "20일선을 지지하지 못하면 손절한다"와 같이 정해 놓으면 안 됩니다. 20일선을 지지한다는 게 저가로 지지한다는 건지 종가로 지지한다는 건지 명확하지 않기 때문에 막상 손절할 때가 되면 주저하게 되고 결국 손절하지 못하는 사태가 발생하기 쉽습니다.

3. 매수가 체결되면 차트를 첨부해 매수 시점을 표시해 놓으시길 바랍니다.

보유 중

1. 종목을 가지고 있을 때 받은 느낌을 적으면 됩니다.

　매수 후 수익 실현이나 손절하기 전까지는 정말 많은 마음의 동요가 있을 겁니다. '더 떨어지기 전에 지금이라도 팔아야 하나?', '이 정도 수익에 만족하고 수익을 실현해도 되지 않을까?' 아니면 '외인들이 팔기 시작해서 불안한데 지금이라도 매도 할까?' 등등 그때그때 드는 생각과 보유 주식과 관련된 뉴스 같은 사실을 기록해 놓으면 나중에 본인의 심리 상태를 확인해 보는 데도 큰 도움이 될 것입니다.

매도

1. 본인이 매도한 지점을 차트에 표시해 놓고 어느 가격에 몇 주의 주식을 매도했는지도 적어 놓기 바랍니다. 손실이나 수익 금액이 얼마였는지도 당연히 적어야 합니다.
2. 처음에 의도한 매매 계획대로 실천했는지 확인해 보고 비록 손절했더라도 자신의 계획대로 손절했으면 그것은 잘한 매매이므로 스스로를 칭찬해 주고 수익을 내셨더라도 자신의 계획대로 하지 않았다면 그것은 잘못된 매매이므로 반성의 계기가 되어야 합니다.

이렇게 매매 일지가 쌓이면 반드시 매매한 기법대로 정리해야 합니다. 그래서 어떤 기법이 괜찮은 성과를 내고 있는지 확인하고 성과가 좋지 않은 기법은 앞으로 사용할지 말지를 고민해 봐야 합니다. 또한 잘한 매매와 잘못한 매매를 비교해서 원칙대로 매매하도록 노력하고 잘못된 매매의 개선 사항 등을 생각해 봐야 합니다.

그럼 매매 일지 작성 후 해야 할 일을 구체적으로 알아보도록 하겠습니다.

승률과 손익비를 구하자

여러분이 정성껏 작성한 매매 일지가 쌓이면 그 다음은 무엇을 해야 할까요? 가게를 운영할 때 월말이 되면 월말결산을 하듯이 여러분도 매매 일지가 쌓이면 일정한 시기에 맞춰 결산을 해야 합니다.

그렇다면 이번 달에는 총 얼마를 벌었느냐를 정산해 볼까요? 물론 그것도 중요하지만 직전에 말씀드렸다시피 그런 건 HTS에서 확인해 보면 되겠죠. 아니면 얼마나 매매가 성공적이었는지 승률을 계산해 볼까요? 물론 승률을 구하는 건 중요합니다. 하지만 승률만 구해서 내가 몇 번의 매매에서 몇 번 수익을 냈는지만 확인해서는 안 되고 손익비도 항상 함께 생각해야 한다고 말씀드렸죠? 우리가 매매 일지를 가지고 분석해야 할 건 내 매매의 평균적인 승률과 손익비 둘 다를 구하는 것입니다.

이때 중요한 건 전체적인 매매의 승률과 손익비를 구하는 것이 아니라 본인이 사용한 매매 기법마다의 승률과 손익비를 따로 구하는 겁니다. 이렇게 구한 평균승률과 손익비가 내 매매 기법이 장기적으로 돈을 벌 수 있게 해주는지 아닌지를 알려주고, 내 매매의 잘못된 점과 내가 사용하는 매매 기법이 더 이상 시장에서 통용되지 않는 시기를 알려주기 때문입니다.

승률과 손익비에 대해서 다시 한번 말씀드리자면,

승률은 '수익을 낸 매매의 횟수 ÷ 전체 매매 횟수 × 100'으로 계산하면 되고,

손익비는 '평균 수익 금액 ÷ 평균 손실 금액'으로 계산하면 됩니다.

예를 들어 열 번의 매매를 했는데 그중 아홉 번은 수익을 냈고 한 번은 손실을 보았다면 승률은 90%가 될 것입니다. 이때 승리한 아홉 번의 평균 수익 금액은 10만원이고 손실이 난 한 번의 금액은 100만원이라고 가정해 본다면 전체 계좌는 10만원 손해겠죠? 이때 손익비는 얼마가 될까요?

10만원 ÷ 100만원이라고 계산해 보면 손익비는 0.1이 됩니다. 어떻습니까? 아무리 90%의 승률을 가지고 매매해도 손익비가 0.1이면 계좌는 10만원 손해입니다.

다른 예를 들어 보도록 하겠습니다.

(1) 70%의 승률과 0.5의 손익비를 가진 매매 방법

(2) 30%의 승률과 3의 손익비를 가진 매매 방법

둘 중에 여러분은 어떤 매매를 선택하시겠습니까? 어떤 매매가 더 좋아 보이시나요? 70%의 승률을 가진 매매 기법이 더 좋아 보이지 않나요? 인간의 본성으로는 70%의 승률을 가진 매매 기법을 따라 하는 것이 훨씬 마음 편한 일일 겁니다. 손해를 볼 때보다 수익을 내는 날이 많으니 적은 수익이라도 기분은 좋겠죠? 그런데 계좌의 금액도 기분 좋게 불어나 있을까요? 같이 계산해 보시죠.

똑같이 100만원으로 열 번의 투자를 했고 이때 평균 손실 금액이 10만원이라고 가정해서 (1)의 방법으로 계산해 보면 평균 손실금액이 −10만원이고 손익비 0.5라고 했으므로 매매 1회당 평균 수익 금액은 5만원이 될 것 입니다. 따라서 누적 수익금은 수익 난 날의 총 수익금 5만원×7회 = 35만원, 여기에 손실을 본 날에는 −10만원×3회 = −30만원이므로 10번의 매매에서 총 5만원 수익이 날 것입니다.

(2)의 매매 방법으로는 평균 손실금액이 −10만원이고 손익비가 3이므로 매매 1회당 평균 수익 금액은 30만원이 될 것입니다. 따라서 누적 수익금은 수익 난 날의 총 수익금 30만원×3회 = 90만원, 여기에 손실을 본 날에는 −10만원×7회 = −70만원이므로 10번의 매매에서 총 20만원 수익이 납니다.

열 번 매매해서 일곱 번은 손절하고 세 번밖에 수익을 내지 못했지만 손익비가 3이라는 사실 하나만으로 계좌의 수익금은 더 많이 불어났습니다. 그렇다고 손익비만 높으면 되느냐? 아닙니다. 손익비가 높아도 승률이 너무 낮으면 이 또한 장기적으로는 마이너스가 됩니다.

결국 승률과 손익비의 적절한 균형이 제일 중요합니다. 그럼 그 수익이 나는 균형점을 어떻게 알아낼까요? 매번 이렇게 계산할 수도 없거니와 여기서는 예를 들려고 계산한 것뿐이지 사실 적절한 계산법도 아닙니다. 이때 활용할 수 있는 적절한 공식이 있는데 이를 '켈리의 법칙'이라고 합니다.

켈리의 법칙

매매 일지를 작성해서 승률과 손익비를 구하는 궁극적인 이유는 지금 사용하는 매매 방법을 계속 사용해도 되는지 혹은 잘 통하던 매매 방법이 더 이상 통하지 않게 돼서 이제는 그만 사용해야 되는지를 판단하는 기준이 되기 때문입니다.

아무리 매매 원칙을 잘 지키고 자금관리를 잘해도 시장에서 통하지 않는 매매 방법을 계속 사용한다면 장기적으로 내 계좌는 천천히 마이너스가 될 것이기 때문에 이것은 굉장히 중요한 과정입니다. 그 판단의 기준으로 사용할 수 있는 것이 바로 '켈리의 법칙'입니다. 켈리의 법칙은,

$$f = \frac{(b+1)p-1}{b} \quad (p=승률,\ b=손익비)$$

로 구할 수 있습니다.

예를 들어 승률 50%에 손익비 2인 기법이 있다고 가정하고 계산하면

$$\frac{(2+1)\times 0.5-1}{2} = 0.25$$

가 나오고 이 0.25의 의미는 이 기법대로 매매하려면 한 번의 매매에 본인 투자금의 25%를 사용해야 한다는 뜻입니다. 그러니까 결론적으로 말하면 켈리의 법칙으로 계산한 값이 1에 가까울수록 본인의 투자금을 더 크게 걸고 매매할 수 있다는 것이고 그만큼 더 좋은 기법이라는 이야기가 되겠죠.

반대로 승률 70%에 손익비가 0.2인 기법이 있다고 가정하고 계산해 봅시다.

$$\frac{(0.2+1)\times 0.7-1}{0.2} = -0.8$$

이 나오고 이 -0.8의 의미는 본인 자금의 -80%만큼을 한 번의 매매에 투입하라는 뜻입니다. 근데 -80%를 투입하는 것은 말이 안 됩니다. 투자하지 말라는 거죠?

맞습니다. 이 켈리의 값이 마이너스가 나오면 그 기법으로는 투자해서는 안 된다는 뜻입니다. 즉, 우리가 매매 일지를 써서 얻은 승률과 손

익비를 이 켈리의 법칙에 적용해 보면 이 매매 기법을 사용해야 하는지 말아야 하는지를 알 수 있습니다.

매매 일지를 적고 나서 항상 승률과 손익비를 업데이트하고 이를 바탕으로 켈리의 법칙을 계속 구해 보는 겁니다. 그래서 이 켈리의 법칙의 결과값을 기준으로 내 매매 기법이 제대로 작동하고 있는지 검토하면서 매매하시기 바랍니다.

본인이 느끼기에 손절 금액이 너무 크다면 아무리 마음을 독하게 먹는다고 해도 손절이 어렵습니다. 본인의 의지를 시험하지 말고 처음부터 본인이 감당할 수 있는 금액, 그러니까 부담 없이 손절할 수 있는 금액을 결정해서 매매 계획을 세우시기 바랍니다.

Part 5

[삼성전자]와
마인드관리 그리고
손절

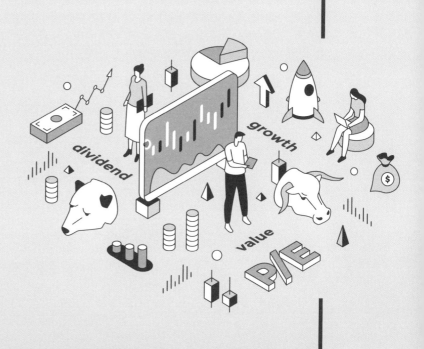

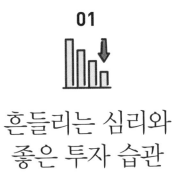

01

흔들리는 심리와
좋은 투자 습관

  일반적으로 초보 투자자는 주가의 움직임에 따라 다양한 심리 변화를 경험하게 되고 그 심리 변화에 따라 잘못된 투자 판단을 내리는 경우가 굉장히 많습니다. 그렇기 때문에 본인만의 원칙에 맞게 종목을 선정해서 매수하고, 그렇게 매수한 종목을 보유하고, 마지막으로 본인의 기준에 따라 매도하는 일련의 과정이 흔들리지 않으려면 그때그때 변화하는 심리 상태에 따라 흔들리지 않도록 '마인드관리'에 항상 신경 쓰셔야 합니다.

  주가의 움직임에 따라 변화하는 일반적인 초보 투자자의 심리 상태에 대한 예시를 보면서 혹시 비슷한 심리 상태를 경험하지 않았는지 생각해 보시기 바랍니다.

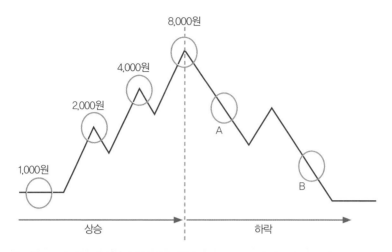

〈그림 5-1〉 주가의 움직임에 따른 개인의 심리 변화

　우선 주가가 1000원 부근에서 움직일 때는 코스피와 코스닥 두 시장을 모두 합쳐서 2200개가 넘는 종목이 있으므로 특별한 이슈가 없는 이상 사람들은 거래량도 적고 주가의 움직임도 적은 이 종목을 주목하지 않습니다.

　그러다 주가가 2000원까지 상승하면 일부 사람들이 이 종목을 주목하고 매수를 할까 말까를 고민합니다. 그런데 직전에 1000원 부근에서 움직이던 주가가 단기간에 2000원까지 두 배나 상승했으므로 가격이 너무 올라왔다는 부담감 때문에 선뜻 매수하지 못하게 됩니다. 이후 조정이 나오면 역시 매수하지 않기를 잘했다고 생각하면서 매수했으면 손실 날 뻔했다고 왠지 모르게 안심하기도 하죠.

이후 조정을 거쳐 주가가 4000원까지 오르면 이때는 2000원에서 조정받을 때 매수하지 못한 걸 후회하게 되고 대부분의 사람들이 직전에 본인이 매수를 고민하던 가격인 2000원 부근까지 다시 내려오면 매수하겠다고 마음을 먹습니다.

그러나 기다리던 조정은 2000원까지 내려오지 않고 짧은 조정 이후 다시 급등해 8000원 부근까지 오르면 이때는 이 종목에 대한 기대감이 절정에 이릅니다. 여러 인터넷 커뮤니티에서 이 종목이 2만원이나 3만원까지 상승한다는 이야기가 나오고 유튜브나 증권경제방송에서도 이 종목을 분석하는 방송이 엄청 많이 나오게 됩니다. 이때가 되면 앞서 놓친 두 번의 매수 기회가 너무 아쉬워서 그때 매수했으면 지금 수익이 얼마인지 계산해 보게 되고 더 기다리다가는 진짜 1만원 이상 올라갈 것 같다는 조급함이 생깁니다. 그래서 남들이 2만원에서 3만원 간다고 하니까 나는 욕심을 조금 덜 부려서 안전하게 1만5000원까지만 수익을 내기로 마음먹고 고점인 8000원 부근에서 매수하는 거죠. 이때는 주가가 많이 올랐다는 것에 대한 두려움보다 더 오를 것이라는 기대감이 더 커진 상태입니다.

이후 A구간에서 하락하더라도 앞서 조정 이후에 재차 상승했던 기억을 가지고 있으므로 곧 반등이 나올 것이라고 기대하고 손절 없이 기다리게 됩니다. 이때 손실이 생각보다 커지면 처음에 마음먹은 1만5000원에서 1만원으로 목표가를 수정하기도 하지만 다시 반등이 나올 것이라는 믿음은 변함이 없습니다.

그러고 나서 나온 약간의 반등에 1만 원 돌파를 기대하지만 매수 가격까지 올라오지 못하고 재차 하락해 B구간에 들어서면 손실이 워낙 커져서 손절하고 싶어도 손절할 수 없는 상황이 됩니다. 이렇게 되었을 때 우리는 '물렸다'라는 표현을 씁니다. 만약 여윳돈으로 투자하신 분이라면 다시 매수 가격으로 올라올 때까지 2년이고 3년이고 기다리겠지만 꼭 써야 할 용도가 있는 돈으로 투자한 분들은 버티고 버티다가 어쩔 수 없이 제일 낮은 가격 부근에서 매도해서 큰 손해를 입는 경우가 많습니다. 최악의 경우 물려서 매도도 못 하고 있는데 회사가 부실해서 상장폐지가 될 수도 있습니다. 그러면 원금의 대부분을 잃게 되겠죠.

어떤가요? 공감이 되시나요? 아마 100% 내 이야기라고 공감하시는 분도 계실 테고 전부는 아니라도 일부분은 공감하는 분이 계실 겁니다. 아무리 잘 훈련된 트레이더라 하더라도 평소라면 절대로 하지 않을 매매, 즉 본인의 매매 원칙과는 다른 충동적인 매매를 일 년에 한두 번쯤은 경험하게 됩니다. 대부분 그러다가 손실을 크게 보고 원금과 무너진 매매 패턴을 복구하느라 시간을 낭비하게 되죠. 투자의 고수도 이런 경험을 하는데 초보 투자자는 얼마나 더 많이 흔들릴지 말씀드리지 않아도 아시겠죠?

주식 투자를 하다가 심리적으로 흔들리는 원인은 여러 가지가 있지만 대부분은 '욕심' 때문에 발생합니다. 빠르게 큰 수익을 내겠다고 대출을 받거나 다른 사람의 돈을 빌려 주식 투자를 하는 경우에는 매달 이자, 혹은 이자와 원금을 함께 갚아야 하기 때문에 심리적으로 쫓기게 됩니다. 따라서 본인이 계획한 매매가 아님에도 불구하고 급등하는 종목을 보면 충동적으로 추격 매수를 하게 되고 머리로는 그러면 안 된다는 걸 알면서도 수익이 나면 손실로 돌아설까 봐 적은 수익에서 매도하게 되고, 손실이 나면 손절하지 못하고 손실이 커져 가는 걸 지켜보게 됩니다.

혹은 한 번에 큰 수익을 노리느라 가지고 있는 투자금을 전부 매수하는 소위 몰빵을 하는 경우에 대부분 큰 손실을 봐서 원금을 회복하기 어려워지지만 몰빵에 성공해 큰 수익을 내고 매매를 마무리하면 오히려 더 큰 문제가 발생합니다.

몰빵으로 큰 손실을 보신 분은 비록 지금 당장 손실이 나니 힘드시겠지만 이번 손실 덕분에 제대로 마음을 먹고 차분히 공부해서 원금을 회복하고 안정적인 자금관리로 꾸준히 수익을 내는 주식 투자의 고수가 될 가능성이 있지만, 몰빵으로 큰 수익을 본 분은 그 성공의 기억이 뇌리에 남아 다음 매매에서도, 또 그 다음 매매에서도 몰빵으로 투자를 할 가능성이 높고 그렇게 매번 몰빵으로 매매하는 안 좋은 습관이 들기 쉽습니다. 운 좋게 몰빵으로 한 매매가 연속적으로 성공하더라도 영원히 계속될 수는 없기 때문에 언젠가 단 한 번의 매매로 그동안 벌어 놓은 대부분의 수익금을 날리게 될 겁니다. 이렇게 되더라도 단순히 운이 없었다고 생각하고 다음에는 잘될 것이라는 생각을 가지기 쉽고 혹시라도 주식 공부를 다시 시작한다고 해도 몰빵이 이미 습관이 된 상태라 자금관리를 하기 어렵기 때문에 장기적으로 꾸준히 수익을 내는 투자자가 되기 어렵습니다.

그래서 초보 투자자는 장기적으로 성공하려면 지금 당장 얼마를 벌고 얼마를 손해 보는지에 신경 쓰기보다 '좋은 투자 습관'을 갖는 것을 목표로 삼고 마인드관리를 하시길 바랍니다.

명심하세요. '좋은 투자 습관'이 만들어지면 수익은 자연스럽게 따라오게 되어 있습니다.

02

심리적 우위에 서는 방법

도박과 다른 주식의 이점을 살려라

주식을 사고파는 행위는 돈이나 가치 있는 소유물을 걸고 결과가 불확실한 내기를 한다는 점에서 도박과 유사합니다. 그러나 일반적인 도박 행위와는 다르게 주식은 내기를 거는 사람에게 유리한 규칙이 있습니다.

우선 주식은 결과가 나오고 있는 도중에 게임에 참여할 수 있습니다. 예를 들어 로또는 당첨볼이 공개되는 도중에 로또를 구매할 수 없으나 주식은 상승하는 것을 확인하고 중간에 매수하는 것이 가능합니다. 또한 주식은 결과가 나오고 있는 중간에 게임에서 이탈할 수 있습니다. 예를 들어 로또는 당첨 결과가 나오는 도중에 나에게 불리한 결과가 나온다고 해서 도중에 환불할 수 없습니다. 그러나 주식은 내가 기대한 것과는 다르게 나에게 불리한 결과가 나오고 있다면 언제든지 일정 부분 손해를 감수하고 환불해서 나올 수 있습니다.

모 아니면 도 식으로 도박하듯이 주식을 매매하지 마시고 이런 주식 투자의 이점을 최대한 살려서 매매해야 합니다. 여기서 우리가 주목해야 하는 부분은 불리한 결과가 나오는 도중에 환불하고 게임에서 나올 수 있다는 것입니다. 이건 곧 '손절'이죠. 그렇기 때문에 주식 매매를 할 때 '손절'이 중요한 겁니다.

그런데 같은 손절을 했다 하더라도 어떻게 손절했느냐에 따라 완전히 다른 결과를 불러올 수 있습니다. 어떤 사람은 단순히 더 하락할 것 같은 기분 때문에, 혹은 버티고 버티다가 손실이 너무 커져서 어쩔 수 없이 손절을 하고 나오는 반면 어떤 사람은 확실한 매매 기준을 가지고 매수하다가 손절할 시기가 되면 원칙에 맞게 손절합니다.

전자는 손절 기준이 없기 때문에 다음에 같은 상황이 온다고 하더라도 그 당시 기분에 따라 손절 여부를 결정하게 될 것입니다. 그러면 손절에서 배운 것이 없어서 매매 방법도 발전 없이 제자리에 머물게 될 겁니다. 10년을 투자해도 이런 매매는 남는 건 아무것도 없으므로 그때그때 도박을 한 것과 다를 바 없습니다.

반면 후자는 손절을 하는 확실한 기준이 있었기 때문에 그 기준이 맞는지 틀린지 여부를 나중에 확인해볼 수 있습니다. 그러므로 비록 손실을 보긴 했지만 손절을 통해 배우게 되는 겁니다. 이렇게 계속 발전한다면 언젠가는 분명히 그동안의 손실을 모두 만회하고 그 이상의 수익을 내게 될 것입니다. 결국 투자자로서 성장하는 데 필요한 수업료를 지불하는 것과 같죠.

또한 확실한 손절 기준을 가지고 있다면 혹시라도 내 예상과 다른 방향으로 주가가 움직여서 손실을 본다 하더라도 내가 이번 매매에서 얼마나 잃을지 알고 있기 때문에 주가 변동에 따라 심리적으로도 흔들리지 않게 되고, 그래서 안정적인 매매가 가능하게 됩니다.

한 번에 손실을 모두 만회하려는 마음을 버려라

대부분의 초보 투자자가 처음 주식 시장에 들어와서는 절대 욕심내지 않고 차분하게 조금씩 조금씩 수익을 내면서 천천히 매매할 것이라고 말씀하십니다. 그러나 한두 번 손실을 보고 나면 그때부터 마음이 급해지기 시작하죠.

그동안 먹을 것 안 먹고 살 것 안 사고 얼마나 어렵게 모은 돈인데 제대로 써보지도 못하고 이렇게 허무하게 사라지니 얼마나 마음이 아플지 잘 알고 있습니다. 이러면 수익은 둘째 치고 원금만이라도 빨리 회복하길 바라는 마음이 간절해집니다. 주식을 괜히 시작해서 마음 고생만 한다고 후회하는 분도 많이 계시죠.

그러나 세상 일이 모두 그렇듯이 서두르면 서두를수록 결과는 더 나빠지는 겁니다. 집을 지을 때 아무리 급하다고 지붕부터 지을 수 없는 것처럼, 손실을 빨리 만회해서 원금이라도 회복하고 싶은 마음은 잘 알지만 그럴 때일수록 더 천천히 손실을 만회하겠다고 마음 먹어야 합니다.

급할수록 돌아가라는 말은 주식 시장에서도 통하는 진리입니다. 한 번에 모든 손실을 만회하려 하지 말고 여러 번으로 나눠서 만회한다고 마음먹고 매매하길 바랍니다. 한 번에 만회하려다 보면 마인드가 흔들리고, 흔들린 마인드로 급하게 한 매매는 더 큰 손실을 불러옵니다.

예를 들어 1000만원이나 손실을 보았는데 한 번의 매매에서 10만원씩 수익을 낸다고 생각하면 언제 원금을 회복하나 하는 마음이 들기 마련입니다. 답답하고 수익을 내도 성에 안 차 투자금을 확 늘려서 매매하고 싶을 겁니다. 그러나 비록 원금 회복에 시간이 오래 걸린다 하더라도 꾸준히 수익을 내다 보면 언젠가는 반드시 원금을 회복할 수 있고 그 과정에서 쌓인 경험은 절대 투자자를 배신하지 않을 것입니다. 원금 회복 이후에 걷게 될 수익의 꽃길을 생각하면서 이런 조급한 마음을 다스려야 합니다.

긍정적이고 유연하게 생각하라

예를 들어 투자금이 3000만원에서 2000만원으로 줄어들어 손실이

1000만원이라고 하면 빨리 1000만원을 수익 내서 원금을 복구해야겠다고 생각합니다. 그런데 어차피 1000만원을 수익 내는 것이 목표라면 2000만원을 가지고 시작해서 1000만원 수익을 내 3000만원으로 만들겠다고 생각하는 쪽이, 즉 50% 수익을 내겠다고 마음을 먹고 매매하는 것이 심리적으로 안정을 찾는 데 도움이 되겠죠.

이처럼 같은 상황이라도 긍정적으로 받아들이는 것이 마인드관리에 도움이 되고, 이는 곧 안정적인 수익으로 연결되는 경우가 많습니다. 그러나 초보 투자자 중에는 이미 지난 매매에 미련을 가지고 후회하는 분들이 많이 계십니다. '그때 매수했으면 이 만큼이 수익인데', '그때 매도하지 말고 그대로 가지고 있었으면 지금 얼마가 수익인데' 하면서 말이죠. 그러나 만약 본인의 매매 원칙에 맞게 매매했다면 매매 자체를 돌이켜보고 후회할 필요는 없습니다.

또한 본인이 상승이나 혹은 하락을 강하게 확신하고 있을 때 오히려 크게 손실이 나는 경우가 많이 있습니다. 이런 현상은 주식을 열심히 공부해서 어느 정도 알 것 같을 때, 그리고 열심히 분석해서 종목에 대한 확신이 있을 때 일어나기 쉽습니다. 열심히 노력한 만큼 본인의 예상대로 움직이는 경우가 많겠지만 언제나 본인의 예상대로 흘러가는 것은 아니죠. 문제는 바로 이때 발생합니다.

본인의 예상과 다르게 시장이나 종목이 움직인다면 그럴 리 없다고 현실을 부정하고, 다시 본인의 예상대로 움직일 것이라 이유 없이 확신해 손절하지 않고 지켜보거나 오히려 비중을 더 실어서 매수합니다. 뒤늦게라도 본인의 예상이 맞으면 다행이나 대부분 큰 손실을 보고 나서야 본인의 예상과는 다르게 시장이 움직일 수 있음을 깨닫습니다.

언제나 정답은 시장이 가지고 있습니다. 본인이 100% 확신을 가지고 매수했다 하더라도 예상과 다르게 움직인다면 손절을 통해 본인이 틀렸음을 인정할 수 있는 유연한 사고를 하도록 노력해야 합니다.

03

[삼성전자] 같은 우량주도
손절이 필요한가요?

지금까지 마인드관리와 손절에 대해 이야기했습니다. 그럼 손절이란 정확히 무엇일까요? 손절이란 주식에 투자해서 손해가 생겼을 때 더 큰 손해를 막고자 손실을 감수하고 되파는 것을 이야기합니다. 그러나 손실을 보고 매도한다는 것은 인간의 본성을 거스르는 일이기 때문에 대부분의 초보 투자자는 매우 어려워합니다.

그리고 [삼성전자]와 같은 대형 우량주는 어차피 오를 테니 손절하지 않고 지켜봐도 되지 않느냐고 물어보는 분들이 많습니다. 그러나 아무리 [삼성전자]라 하더라도 분명히 하락하는 시기가 있으므로 이왕이면 그 시기를 피해 매매하는 것이 좋고, 혹시 계속 보유하더라도 손절을 통해 낮은 가격에서 재매수하는 전략으로 대응하는 편이 훨씬 효율적입니다.

57,500원 매수   ② 57,500원 그대로 보유

① 53,500원 손절

47,500원 재매수

최저 42,300 (03/19)

〈그림 5-2〉[삼성전자] 손절　　　　　　　　　　　　　자료 : 키움증권

　예를 들어 [삼성전자]를 5만7500원에 매수한 이후 ①과 같이 직전 저점인 5만3500원에서 손절하고 4만7500원에서 재매수한 경우와 ②와 같이 5만7500원에서 매수한 이후 손절 없이 그대로 보유한 경우를 비교해 보겠습니다.

　물론 ②와 같이 손절 없이 보유한 경우에도 하락한 이후 반등이 나오면서 손실 없이 마무리할 수 있습니다. 그러나 ①과 같이 적극적으로 손절한 이후 재매수한 경우에는 비록 처음 손절에서 1주당 4000원(약 −6.96%) 손실을 확정했지만 이후 4만7500원에서 재매수하면 원래 매수 가격이었던 5만7500원까지 상승했을 때 1주당 1만원(+21.05%) 수익을 기록할 수 있습니다. 손절 처리한 비용을 제외하더라도 1주당 6000원의 수익이 가능했던 겁니다.

이렇게 예시를 들면 어떤 분들은 이렇게 말씀하실 겁니다. "손절 이후 더 하락하지 않고 바로 반등이 나와서 재매수할 기회를 주지 않을 수도 있지 않나요?" 물론 그럴 수도 있죠. 근데 이렇게 더 많이 하락할 가능성도 있죠. 왜 바로 반등할 것을 두려워하시면서 더 많이 하락하는 경우는 걱정하지 않으시나요? 손절 이후에 어떻게 움직일지를 걱정하지 말고 원칙에 따라 손절할 때가 되면 손절하고 나서 그 다음 대응 방법을 생각하세요.

이렇게 손절하는 것을 어려워하는 이유가 뭘까요? 그 이유를 알면 손절하기가 좀 더 쉬워지지 않을까요?

우선 매매 기법에 대한 이해가 부족하기 때문입니다. 기법에 대한 이해 없이 남들이 좋다고 해서 사거나 아니면 급등할 것이라는 이야기만 듣고 매수했다면 어느 지점에서 일이 잘못돼 가고 있는 건지 알 수 없기 때문에 어디서 손절을 해야 할지 모르는 것이 당연합니다. 그래서 손절을 하고 싶어도 못 하게 되죠.

손절을 잘한다는 이야기는 본인의 매매 방법이 본인의 기대와는 다르게 가고 있는 지점이 어디인지를 정확히 알고 있다는 뜻이고, 그것은 본인의 매매 방법을 잘 이해하고 있다는 의미이므로 주식을 잘하는 사람이라고 볼 수 있습니다.

앞의 예시처럼 대부분 '본인이 손절한 이후에 다시 반등이 나와 손실을 만회하면 어쩌나'라는 생각에 손절을 주저하는데 이 역시도 매매 방법에 대한 이해가 부족하기 때문에 발생하는 현상입니다. 이미 본인이 생각한 방향을 벗어났다면 그 이후의 움직임은 본인의 영역이 아니므로 아쉬워할 필요가 없습니다. 오히려 본인의 매매 원칙을 지키지 않았는데 나중에 다시 반등이 나와서 수익으로 마무리하면 나쁜 습관이 들게 될 가능성이 있으므로 장기적으로 봤을 때 본인에게 좋지 않은 영향을 끼치게 됩니다. 이전에 말씀드렸다시피 좋은 투자 습관을 가지고 있다면 수익은 무조건 따라오게 돼 있습니다.

손절을 주저하는 또 다른 근본적인 이유는 결국 돈이 아까워서, 즉 지금 손실을 확정 짓는 것이 싫기 때문입니다. 손절 처리 하지 않으면 다시 반등이 나와 손실 없이 매도할 가능성이 있지만 손절해서 손실을 확정 지으면 진짜 손해가 나는 거니까요. 그걸 미루고 싶겠죠.

주식 투자는 음식점을 창업하는 것과 비슷하다고 생각하면 이해하기 쉽다고 말씀드렸죠. 예를 들어 내가 보쌈집을 창업해서 미리 보쌈을 삶아 놓았다고 가정해 봅시다. 이때 보쌈을 만들려고 사온 삼겹살의 원가는 1만원이고 같은 양을 손님에서 2만원(=목표수익)에 팔려는 계획입니다.

바로 손님이 와서 원하던 가격에 판매하면 다행이지만 만약 손님이 없어서 팔리지 않는다고 하면 유통기한이 지나서 아예 팔 수 없게 되기 전에 세일을 해서 손해를 보더라도 7000원에 파는 것이 낫겠죠? 만약 손실 보는 것이 싫어서 손님이 올 때까지 계속 기다리다 보면 고기가 다상해서 그나마 7000원도 회수하지 못할 가능성이 있습니다.

또 우리 집에는 손님이 안 오는데 옆집을 보니까 족발이 잘 팔려서 손님이 바글바글하다면 우리도 빨리 족발 메뉴를 추가해 손님이 오도록 해야겠죠? 근데 보쌈을 사는 데 모든 자금을 투입한 상태라서 족발 재료를 사올 돈이 없다면 손해를 보더라도 얼른 보쌈을 팔아 원금의 일부라도 건져야 그 돈으로 족발 재료를 사서 장사를 할 수 있겠죠. 팔리지도 않는 보쌈만 들고 있으면 그만큼 족발을 판매할 기회 비용을 놓치게 되는 겁니다.

최악의 경우는 어떤 손님이 삼겹살구이는 메뉴에 없느냐고 물어보니까 손님을 놓치기 싫어 보쌈용으로 삶아 놓은 고기를 삼겹살구이용으로 파는 것입니다. 언뜻 생각해봐도 이건 말이 안 되지 않나요? 그러나 많은 초보 투자자가 이런 식으로 주식 매매를 합니다.

같은 삼겹살 부위를 이용해서 장사하더라도 음식에 따라 조리법이 다르듯이, 같은 종목이라고 하더라도 단타냐 스윙이냐 아니면 중장기 매매냐에 따라 진입 시기와 매매 방법, 매수 비중 등이 전부 다릅니다. 단타기법으로 들어간 종목을 손실이 난다고 해서 손절하지 않고 갑자기 스윙이나 중장기 매매로 넘기는 것은 마치 삶아 놓은 보쌈 고기를 삼겹살구이로 파는 것과 동일한 겁니다.

마지막으로 손절할 금액이 내가 감당할 수 있는 규모를 넘기 때문입니다. 예를 들어 월급이 300만원이신 분이 한 번의 매매에서 300만원을 손절해야 한다고 하면, 한 달 동안 열심히 일해서 번 월급과 동일한 금액이기 때문에 손실을 확정 짓기 부담스러울 가능성이 높습니다. 반면 한 달에 1억원을 버는 사업가라면 300만원이 손실 났다 하더라도 상대적으로 덜 부담스러울 것입니다. 따라서 같은 손실 금액이라도 개인마다 처한 상황과 성격에 따라 받아들이는 것이 천차만별입니다.

본인이 느끼기에 손절 금액이 너무 크다면 아무리 마음을 독하게 먹는다고 해도 손절이 어렵습니다. 본인의 의지를 시험하지 말고 처음부터 본인이 감당할 수 있는 금액, 그러니까 부담 없이 손절할 수 있는 금액을 결정해서 매매 계획을 세우시기 바랍니다. 비록 처음에는 감당할 수 있는 손실 금액이 적다 하더라도 점차 수익이 쌓여 가다 보면 주식 매매에 자신감이 붙고 그에 따라 자연스럽게 감당할 수 있는 손실 금액이 커질 겁니다.

결론을 말씀드리겠습니다. [삼성전자]와 같은 대형 우량주를 매매한다 하더라도 손절은 반드시 필요합니다. 물론 '주식의 신'이 와서 승률 100%로 매매한다면 손절할 필요가 없겠지만 현실은 그렇지 않기 때문에 아무리 [삼성전자]와 같은 우량주라고 하더라 손절은 필수입니다. 90% 승률의 기법이라면 10%의 확률로 손해를 본다는 것과 같은 말이라는 것을 잊지 말고 10%의 손실 가능성까지 고려해 손절을 준비한 매매를 하시길 바랍니다.

주식시장에는 여러 가지 종목이 있고 그중에서도 미래 발전 가능성에 대해 좋은 이야기가 많이 나오는 종목에 사람들이 몰리고 그 결과 주가도 상승하겠지만 안 좋은 이야기가 많은 종목은 사람들이 찾지 않게 될 것이고 그에 따라 자연스럽게 주가도 하락할 겁니다.

Part 6

[삼성전자] 주가에
영향을 주는 요인들

01

선물 옵션 시장과
[삼성전자]

    대표적인 파생상품인 선물과 옵션 시장에 대해 이야기해 보도록 하죠. 아무래도 선물과 옵션이라고 하면 생소하신 분들이 많이 계실 것 같습니다. 선물(Futures)의 사전적 정의는 '표준화된 금융자산을 미래의 일정 시점에 인도 인수할 것을 약정하는 계약'을 의미하며 옵션(Option)이란 '기초자산에 의해 산출된 금전 등을 거래할 수 있는 권리를 부여할 것을 약정하는 계약'을 의미합니다.

    정의를 보았더니 무슨 말인지 더 알기 어려워지는 것 같죠? 선물과 옵션은 정확히 이해하려면 따로 책 한 권이 필요할 정도로 방대한 분야이기 때문에 이번에는 그냥 선물과 옵션이라는 것이 있고 우리나라의 대표적인 선물 옵션 시장은 코스피200(KOSPI200) 지수(한국을 대표하는

188

200개 기업의 시가총액을 지수화한 것)를 추종하는 '코스피200 주가지수 선물'과 코스피200 지수가 상승하면 수익이 나는 콜(Call)옵션 그리고 코스피200 지수가 하락하면 수익이 나는 풋(Put)옵션이 있다는 것 정도만 알면 됩니다.

그럼 [삼성전자]와 파생시장이 무슨 연관이 있어서 이렇게 장황하게 설명드리는 걸까요? 1장에서 우리나라 코스피 지수와 [삼성전자]의 움직임이 유사하기 때문에 [삼성전자]를 매수하는 것은 곧 우리나라 코스피 지수를 매수하는 것과 비슷하다고 말씀드렸습니다. 그럼 선물·옵션의 기초자산인 코스피200 지수와 얼마나 유사하게 움직이는지 확인해 보죠.

〈그림 6-1〉 [삼성전자]와 코스피200 지수 비교 　　　　　　　　자료 : 키움증권

빨간 선이 [삼성전자]의 종가 움직임을 나타낸 그래프이고 녹색 선이 '코스피200 지수'의 움직임을 나타낸 그래프입니다. 겹쳐서 보니 거의 비슷하게 움직이지 않나요? 말씀드렸다시피 [삼성전자]와 [삼성전자우선주]의 시가총액 합이 우리나라 전체 코스피 지수의 약 25%를 차지하고 코스피200 지수에서는 [삼성전자] 한 종목이 25%가 넘는 시가총액을 차지하고 있기 때문에 코스피 지수와 코스피200 지수에서 [삼성전자]의 영향력은 절대적입니다.

그렇기 때문에 파생상품을 운용하는 외국인이나 기관 투자자 입장에서는 우리나라 코스피 지수를 움직이려는 목적이라면 각기 다른 여러 종목을 매수하거나 매도하기보다 [삼성전자] 한 종목만 매매하는 쪽이 편의성이나 리스크 관리 측면에서 훨씬 더 낫습니다.

순위	종목명	현재가	전일대비	등락률	거래량	거래비중	시가총액	시가총액비	체결강도
1	삼성전자	57,300 ▲	500	+0.88%	13,188,821	11.85	342,068,540	25.73%	97.96
2	SK하이닉스	81,800	0	0%	1,462,898	1.87	59,550,593	4.47%	54.26
3	NAVER	311,500 ▼	3,000	-0.95%	962,817	4.71	51,168,048	3.84%	80.41
4	삼성바이오로직	739,000 ▲	3,000	+0.41%	78,988	0.91	48,895,935	3.67%	116.81
5	LG화학	640,000 ▲	5,000	+0.79%	671,006	6.77	45,179,100	3.39%	70.05
6	셀트리온	302,500 ▲	3,500	+1.17%	687,408	3.23	40,819,164	3.07%	126.87
7	카카오	367,000 ▲	1,000	+0.27%	1,355,536	7.83	32,239,540	2.42%	72.94
8	삼성SDI	415,500 ▲	1,000	+0.24%	441,694	2.88	28,571,662	2.14%	65.33
9	현대차	131,500 ▲	4,500	+3.54%	1,688,343	3.46	28,097,367	2.11%	135.40
10	LG생활건강	1,358,000 ▲	8,000	+0.59%	14,395	0.30	21,209,512	1.59%	84.39
11	현대모비스	207,500 ▲	1,500	+0.73%	257,918	0.84	19,723,849	1.48%	99.03
12	삼성물산	105,500 ▲	1,500	+1.44%	191,694	0.31	19,716,587	1.48%	91.51
13	엔씨소프트	839,000 ▼	5,000	-0.59%	84,918	1.11	18,419,424	1.38%	67.03
14	SK텔레콤	220,500 ▲	1,500	+0.68%	319,417	1.09	17,804,429	1.33%	107.66
15	POSCO	195,000 ▲	3,000	+1.56%	128,759	0.39	17,001,433	1.27%	96.68

〈그림 6-2〉 [삼성전자]의 코스피200 지수 시총비율　　　　　　자료 : 키움증권

더군다나 한국거래소가 발표한 파생상품시장 일평균 거래대금이 46조 5000억원(2019년 기준)에 달할 정도로 큰 규모를 자랑하기 때문에 어떤 경우에는 파생시장에서의 수익률을 극대화하려고 현물시장(주식시장)을 움직이기도 합니다. 따라서 [삼성전자] 자체의 이슈나 모멘텀에 의해 움직이는 게 아니라 선물 옵션 시장에 영향을 주려고, 즉 코스피200 지수를 움직이려고 외국인이나 기관 투자자가 [삼성전자] 주가를 움직이는 경우도 있으므로 파생시장의 움직임을 놓쳐서는 안 되겠죠.

여기서 잠깐

왝더독 현상

왝더독(Wag The Dog)이란 말 그대로 '개의 꼬리가 몸통을 흔든다'는 뜻으로 주식시장에서는 꼬리인 선물시장(코스피200 주가지수 선물)이 몸통에 해당하는 현물시장(코스피 시장)을 흔든다는 의미입니다. 주식시장의 움직임에 따라 선물시장이 움직이는 것이 일반적이나, 선물시장이 워낙 크기 때문에 반대로 선물시장의 이익을 위해 현물시장을 움직이는 것을 의미합니다.

한때 우리나라의 파생시장 규모가 전 세계 파생상품 거래량의 27%를 차지하면서 거래량 기준으로 미국과 유럽 시장을 뛰어넘어 세계

1위에 오를 정도로 컸습니다. 그러나 파생시장의 변동성이 너무 커서 개인 투자자가 많은 피해를 입자 각종 규제 정책이 나왔고, 그 때문에 세계 10위권 내외로 거래 규모가 감소한 상태입니다. 이제 다시 파생상품 시장을 활성화하고자 2019년부터 개인 투자자의 파생상품 진입 장벽을 완화하는 정책들이 나오고 있습니다.

특히 선물과 옵션 시장이 동시에 만기를 맞이하는 3, 6, 9, 12월 둘째 주 목요일(네 마녀의 날)이 다가오면 이런 현상이 더 심해지곤 합니다. 따라서 베이시스와 콘탱고, 백워데이션 그리고 프로그램 매매 등과 같은 용어의 기본적인 정의라도 알고 있으면 만기일에 뉴스나 경제 방송에서 이야기하는 [삼성전자]의 움직임을 이해하는 데 큰 도움이 될 것입니다.

베이시스

베이시스는 간단하게 말해 선물과 현물 가격의 차이를 말하는 것이고

$$베이시스(Basis) = 선물가격 - 현물가격$$

으로 계산합니다. 이때 베이시스가 플러스(+)인 상태를 '콘탱고'라고 하고 마이너스(−)인 상태를 '백워데이션'이라고 합니다. 정상적인

시장에서는 선물가격이 현물가격보다 높은 '콘탱고' 상태가 일반적입니다.

프로그램 매매

뉴스나 증권방송에서 프로그램 매매에 대해 언급하는 것을 들으신 경험이 있으실 겁니다. 프로그램 매매라고 하니까 엄청난 AI(인공지능)가 대단한 매매를 하는 것 같지만 알고 보면 그렇게 어려운 내용은 아닙니다.

| 프로그램매매현황 | 프로그램순매수상위 | 종목별프로그램매매 | 프로그램매매추이 | 베이시스별프로그램 | |

◉코스피 ○코스닥　　　　　　　　　　　　　　* 단위 :천주, 백만원, %　조회　차트

구분		주식매도			주식매수			순매수 금액
		거래량	거래대금	비율	거래량	거래대금	비율	
차익	위탁	3,672	186,092	11.28	3,986	202,493	14.65	+16,400
	자기	90	4,536	0.27	0	0	0	-4,536
	합계	3,762	190,629	11.55	3,986	202,493	14.65	+11,864
비차익	위탁	47,792	1,454,984	88.18	71,382	1,164,358	84.27	-290,625
	자기	33	4,448	0.27	386	14,893	1.08	+10,446
	합계	47,826	1,459,432	88.45	71,768	1,179,252	85.35	-280,180
합계		51,587	1,650,060	100	75,754	1,381,745	100	-268,316

〈그림 6-3〉 코스피 프로그램 매매 현황　　　　　　　　　　　　자료 : 키움증권

프로그램 매매는 크게 차익거래와 비차익거래로 나뉘는데 이 중 비차익거래는 현물만을 거래 대상으로 삼아 코스피 종목 중 15개 이상의 종목을 묶어서 한 번에 주문을 내는 거래로 다른 말로 '바스켓 거래'라고 합니다. 반면 차익거래는 선물과 현물의 차이인 베이시스를 기반으로 선물

과 현물을 동시에 거래해서 두 상품 간의 가격 차이를 이용해 수익을 얻는 거래를 의미합니다.

이때 베이시스가 콘탱고(+) 상태면 선물이 고평가되고 현물이 저평가된 상태이기 때문에 상대적으로 고평가된 선물을 매도하고 저평가된 현물을 매수하는데 이를 '매수차익거래'라고 합니다. 이렇게 되면 지수가 상승할 가능성이 높아집니다.

또한 베이시스가 백워데이션(−) 상태면 선물이 저평가되고 현물이 고평가된 상태이기 때문에 고평가된 현물을 팔고 상대적으로 저평가된 선물을 매수하는데 이를 '매도차익거래'라고 합니다. 이렇게 되면 지수가 하락할 가능성이 높아집니다.

02

환율과 [삼성전자]

[삼성전자] 주가에 영향을 주는 요인이 많이 있지만 그중에서도 특히 '환율'은 신경 써서 확인해야 합니다. 왜냐하면 외국인의 매수와 매도 결정에 '환율'이 중요한 부분을 차지하기 때문이죠. 그럼 우선 환율에 대해 알아봅시다.

환율이란

환율이란 외국돈을 살 때 지불하는 외국돈(외환)의 가격을 의미하는데 쉽게 말해서 외국돈이 하나의 상품이고 환율은 그 상품에 붙어 있는 가격이라고 생각하시면 조금 더 이해하시기 쉬울 겁니다.

일반적인 상품 가격이 수요와 공급에 의해 오르기도 하고 떨어지기도 하는 것처럼 외국돈이라는 상품의 가격인 환율 역시 고정돼 있지 않고 외환 시장에서의 수요와 공급에 따라 상승하기도 하고 하락하기도 하면서 움직입니다.

예를 들어 수출이나 외국인의 투자 등으로 외환이 우리나라에 많아지면 외환의 가치는 하락합니다. 이 말은 곧 환율이 떨어진다는 것과 같은 의미가 됩니다. 외환의 가치가 떨어지면 상대적으로 우리나라 돈의 가치는 올라가므로 이를 '원화강세'라고 표현합니다.

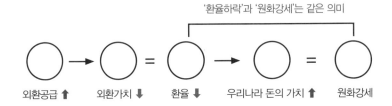

〈그림 6-4〉 환율하락과 원화강세

반대로 수입과 해외 여행이 증가하고 자본이 해외로 유출되는 등 우리나라에서 외환이 줄어들면 외국돈의 가치는 상승하게 되고 이는 곧 환율이 상승한다는 것과 같은 의미가 되겠죠. 그렇게 되면 우리나라 돈의 가치는 상대적으로 줄어들므로 이를 '원화약세'라고 이야기합니다.

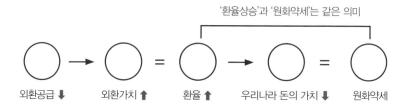

〈그림 6-5〉 환율상승과 원화약세

환율과 [삼성전자] 주가

우리나라 돈으로 [삼성전자]에 투자하는 우리 입장에서는 환율을 신경 쓰지 않아도 수익과 손실에 큰 영향이 없지만 외국 돈을 원화로 바꿔 우리나라에 투자하는 외국인 입장에서는 주식 매매에서 수익이 났음에도 불구하고 환율 변동 때문에 자국 통화로 환전할 때 손해를 보는 경우가 있기 때문에 투자 시 중요하게 고려합니다.

물론 100% 똑같은 움직임을 보이는 것은 아니지만 일반적으로 환율 변동에 따른 외국인의 포지션과 주가의 상관관계는 〈그림 6-6〉과 같은 흐름으로 이어지므로 공식처럼 암기해 두는 것이 좋습니다.

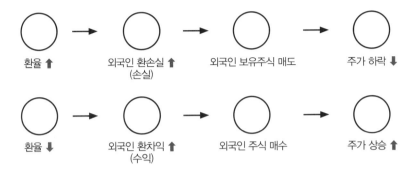

환율 ↑ → 외국인 환손실 ↑ → 외국인 보유주식 매도 → 주가 하락 ↓
(손실)

환율 ↓ → 외국인 환차익 ↑ → 외국인 주식 매수 → 주가 상승 ↑
(수익)

〈그림 6-6〉 환율 변동에 따른 외국인 그리고 주가의 움직임

이 내용을 실제 [삼성전자]의 주가 움직임과 비교해 보면 '환율'이 상
승할 때는 [삼성전자]의 주가가 하락하고 '환율'이 하락할 때는 [삼성전
자]의 주가가 상승하는 것을 확인할 수 있습니다.

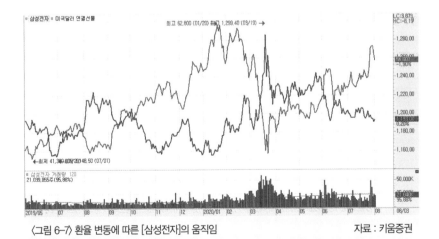

〈그림 6-7〉 환율 변동에 따른 [삼성전자]의 움직임   자료 : 키움증권

위의 차트에서 빨간 선이 [삼성전자]의 종가 움직임을 나타낸 그래프이고 녹색 선이 '미국 달러'의 움직임을 나타낸 그래프입니다. 환율의 움직임과 [삼성전자]의 움직임이 거의 반대인 것을 확인할 수 있습니다.

특히 [삼성전자]는 외국인의 보유 비중이 56%에 가까울 정도로 많은 외국계 자금이 투자돼 있기 때문에 다른 종목에 비해 환율에 더 민감하게 반응할 수밖에 없습니다. 따라서 [삼성전자]의 주가 흐름을 조금 더 잘 이해하려면 '환율'의 움직임과 외국인의 수급을 항상 살펴보아야 합니다.

03

이슈와 [삼성전자]

주식은 회사의 성장 가능성에 대한 기대감으로 상승하고, 성장 기대감은 여러 가지 긍정적인 이슈가 모여 형성됩니다. 예를 들어 우리가 근사한 저녁을 먹으려고 맛집을 알아본다고 생각해 봅시다. 인터넷이나 주변 사람들에게 확인해 봤는데 긍정적인 평가가 많은 음식점이라면 기대감을 갖고 방문할 겁니다. 그런데 만약 어떤 음식점의 평가가 좋지 않다고 하면 음식에 대한 기대감이 사라지고 방문하기 꺼려지겠죠. 주식시장도 마찬가지입니다.

주식시장에는 여러 가지 종목이 있고 그중에서도 미래 발전 가능성에 대해 좋은 이야기가 많이 나오는 종목에 사람들이 몰리고 그 결과 주가도 상승하겠지만 안 좋은 이야기가 많은 종목은 사람들이 찾지 않게 될 것이고 그에 따라 자연스럽게 주가도 하락할 겁니다.

[삼성전자]도 마찬가지입니다. 여러 이슈에 의해 때로는 주가가 흔들리고 때로는 상승하는 흐름을 보입니다. 지난 2018년부터 2020년까지 [삼성전자]의 주요 이슈를 살펴보고 이슈에 따라 주가가 어떻게 움직였는지 같이 확인해 봅시다.

2018년 삼성전자 주요 이슈

〈그림 6-8〉 2018년 삼성전자 주요 이슈　　　　　　　　　자료 : 키움증권

① 이재용 부회장 집행유예 석방

2018년 2월, 국정농단 사태에 연루되어 뇌물공여 혐의 등으로 기소된 이재용 부회장이 항소심에서 징역 2년 6개월에 집행유예 4년을 선고

받으면서 2017년 2월 특검에 의해 구속 수감된 지 353일 만에 석방됐습니다. 이재용 부회장은 석방 이후 유럽으로 출장을 가는 등 경영 행보에 나섰습니다. 그동안 그룹 총수의 부재 때문에 늦어지거나 미루어진 중요 의사 결정이나 투자가 다시 재개될 것이라는 기대로 주가는 상승하는 흐름을 보입니다.

이처럼 대주주나 재벌 회장 등 오너의 독단적 경영이 문제가 되거나 불법 행위 등으로 회사에 손해를 입히는 것을 '오너리스크'라고 하는데 특히 대규모 투자에 대한 의사결정권이나 인사권을 총수가 갖고 있는 대기업이 이런 오너리스크 때문에 주가가 흔들릴 가능성이 높습니다.

② 50:1 주식 액면분할 실시

2018년 4월, 당시 1주당 250만원이 넘던 [삼성전자]가 주식을 50:1로 액면분할해 가격은 1주당 5만원 수준으로 하락했고 주식수는 50배로 늘어났습니다. [삼성전자] 측에서는 주주가치를 재고하기 위한 방안이라고 설명했는데 액면분할을 통해 주식 거래가 많아지게 되고 그로 말미암아 주가도 상승하게 될 것이라는 이유였습니다. 일반적으로 액면분할은 주식의 시장가격이 너무 높아서 거래가 부진하거나 신주 발행이 어려울 때 이루어지는데 당시 [삼성전자]는 1주당 250만원이 넘는 가격 때문에 '황제주'로 불렸고 일반 개인 투자자가 매수하기에는 부담이 컸던 것이 사실입니다.

따라서 액면분할 이후 그동안 삼성전자를 사고 싶어도 높은 가격 때문에 살 수 없었던 수많은 개인 투자자가 신규 매수에 나섰고 그에 따라 일반 주주가 다섯 배 이상 급증하면서 '국민주'로 불리게 되었습니다. 또한 250만원에서 500만원으로 두 배가 상승하는 것은 가격적인 저항이 있을 수 있으나 5만원에서 10만원까지 두 배 상승하는 것은 상대적으로 가격적 저항이 덜하니 분명히 10만원까지 상승이 가능할 것이라는 기대가 많았죠.

그러나 대부분의 예상과는 달리 아쉽게도 액면분할 이후 외국인과 기관 투자자가 매도에 나서면서 2018년 내내 하락하는 흐름을 보여주었습니다.

③ 세계 최초 2세대 10나노급 모바일 D램 양산

2018년 7월, 삼성전자는 업계 최초로 2세대 10나노급 공정을 적용한 16기가바이트(Gb) LPDDR4X 모바일 D램을 양산하기 시작했습니다. 이를 통해 소비전력을 절감하고 제품의 두께를 줄였으며 프리미엄 D램 라인업 확대를 지속함으로써 우위에 있는 기술력을 선보였습니다.

주가는 결국 실적에 따라 움직인다고 말씀드렸죠? IT업계에서 실적은 기술 발전에서 나오는 경우가 많기 때문에 [삼성전자]의 신기술 개발이나 양산에 관한 뉴스는 늘 챙겨 보시는 것이 좋습니다.

④ 반도체 부문 사상 최대 실적 달성

2018년 10월, 그동안 호실적이 이어지면서 3분기에는 반도체 부문에서만 13조원이 넘는 영업이익이 나면서 사상 최대 실적을 기록했습니다. 그러나 사상 최대 실적에도 불구하고 주가는 상승하는 흐름을 보이지 못하고 오히려 하락하는 모습을 보였습니다.

NAND 가격 하락과 D램 사이클 정점 논란이 나오면서 18년 4분기와 19년도 실적 하향에 대한 우려가 커졌기 때문인데요. 주식시장에서는 이처럼 좋은 실적을 내고서도 실적 발표 이후 오히려 주가가 하락하는 흐름을 보이는 경우가 많이 있습니다. 실적 발표가 나오고 나면 실적이

□ 삼성전자 2017~2020년 1분기 분기별 실적 (단위 : 조원)

구분		2017년					2018년					2019년					2020년
		1Q	2Q	3Q	4Q	전체	1Q	2Q	3Q	4Q	전체	1Q	2Q	3Q	4Q	전체	1Q
매출	계	50.55	61.00	62.05	65.98	239.58	60.56	58.48	65.46	59.27	243.77	52.39	56.13	62.00	59.88	230.40	55.33
	CE부문	10.22	10.80	11.01	12.57	44.60	9.74	10.40	10.18	11.79	42.11	10.04	11.07	10.93	12.71	44.76	10.30
	IM부문	23.50	30.01	27.69	25.47	106.67	28.45	24.00	24.91	23.32	100.68	27.20	25.86	29.25	24.95	107.27	26.00
	DS부문	22.85	25.25	28.02	32.05	108.17	28.35	27.70	34.76	27.76	118.57	20.62	23.53	26.64	24.74	95.52	24.13
	반도체	15.66	17.58	19.91	21.11	74.26	20.78	21.99	24.77	18.75	86.29	14.47	16.09	17.59	16.79	64.94	17.64
	DP	7.29	7.71	8.28	11.18	34.47	7.54	5.67	10.09	9.17	32.47	6.12	7.62	9.26	8.05	31.05	6.59
	하만	0.54	2.15	2.09	2.32	7.10	1.94	2.13	2.22	2.55	8.84	2.19	2.52	2.63	2.73	10.08	2.10
영업이익	계	9.90	14.07	14.53	15.15	53.65	15.64	14.87	17.57	10.80	58.89	6.23	6.60	7.78	7.16	27.77	6.45
	CE부문	0.41	0.35	0.49	0.55	1.80	0.28	0.51	0.56	0.68	2.02	0.54	0.71	0.55	0.81	2.61	0.45
	IM부문	2.07	4.06	3.29	2.42	11.83	3.77	2.67	2.22	1.51	10.17	2.27	1.56	2.92	2.52	9.27	2.65
	DS부문	7.59	9.69	10.85	12.20	40.33	11.76	11.69	14.56	8.50	46.52	3.54	4.15	4.24	3.66	15.58	3.72
	반도체	6.31	8.03	9.96	10.90	35.20	11.55	11.61	13.65	7.77	44.57	4.12	3.40	3.05	3.45	14.02	3.99
	DP	1.30	1.71	0.97	1.41	5.40	0.41	0.14	1.10	0.97	2.62	△0.56	0.75	1.17	0.22	1.58	△0.29
	하만	0.02	0.01	△0.03	0.06	0.06	△0.04	0.04	0.08	0.07	0.16	0.01	0.09	0.10	0.12	0.32	△0.19

〈그림 6-9〉[삼성전자] 사업부문 분기별 실적   자료 : 삼성전자 뉴스룸

좋든 나쁘든 이미 지난 사건이 되어 버리고 시장은 이 좋은 실적이 다음 분기나 앞으로도 이어질 수 있을 것인가에 관심을 갖기 때문입니다.

따라서 '소문에 사서 뉴스에 팔아라'라는 주식 격언이 있는 것처럼 어닝 서프라이즈가 나올 것 같다는 기대감에 주가가 오르고 실제 실적 발표가 나오면, 비록 실적이 실제로 어닝 서프라이즈를 기록하더라도 주가는 하락하는 경우가 많이 있습니다.

⑤ [삼성바이오로직스] 주식거래 정지

2018년 11월, 금융위원회 산하 증권선물위원회는 [삼성바이오로직스]가 2015년 말 고의로 분식회계를 했다고 결론을 내리고 대표이사 해임 권고와 과징금 80억원을 부과하며 검찰에 고발하기로 하면서 상장폐지심사에 들어가는 일이 발생했습니다.

[삼성바이오로직스]의 분식회계가 [제일모직]과 [삼성물산]의 합병을 통해 이재용 부회장의 승계를 완성하려는 작업의 일환으로 이루어졌다는 의혹이 있었기 때문입니다. 다시 한번 오너리스크가 대두되었고 그 결과 삼성전자의 주가 역시 약세를 면하지 못했습니다. [삼성바이오로직스]는 한 달 뒤인 12월에 다시 거래가 재개되었으나 [제일모직]과 [삼성물산] 합병을 둘러싼 경영권 불법 승계 의혹은 오랜 기간 지속되면서 [삼성전자]의 주가 움직임에 계속 악재로 작용하게 됩니다.

2019년 삼성전자 주요 이슈

① 세계 최초 3세대 10나노급 D램 개발

2019년 3월, [삼성전자]는 세계 최초로 3세대 10나노급 8기가바이트(Gb) DDR4 D램을 개발했다고 발표했습니다. [삼성전자]는 2세대 10나노급 D램을 양산한 지 16개월 만에 3세대 제품 개발에 성공하면서 프리미엄 메모리 기술 리더십을 공고히 했습니다.

〈그림 6-10〉 2019년 [삼성전자] 주요 이슈   자료 : 키움증권

또한 경쟁사 대비 1년 이상 빠른 기술 격차를 보여 줌으로써 [삼성전자] 반도체 사업부의 초격차 전략은 여전히 확고한 것으로 나타났습니다.

② '반도체 비전 2030' 발표

2019년 4월, [삼성전자]는 2030년까지 메모리 반도체뿐 아니라 시스템 반도체 분야에서도 글로벌 1위를 달성하겠다는 '반도체 비전 2030'을 발표하였습니다. 이를 위해 시스템 반도체에 133조원을 투자하고 1만 5000명의 인원을 신규 채용 하겠다고 밝혔습니다. 이 중 국내 연구개발 분야에 73조원, 생산 시설 확충에 60조원을 사용하기로 한 것은 국내 시스템 연구개발 인력 양성과 국내 시스템 반도체 생태계의 경쟁력 강화에 긍정적인 영향을 줄 것으로 보입니다.

메모리 반도체가 정보를 저장한다면 시스템 반도체는 정보를 처리하는 머리와 같은 역할을 수행하고 있고 메모리 반도체가 소품종 다량생산 방식이나 시스템 반도체는 다품종 소량생산이 특징이기 때문에 메모리 반도체 시장의 1위 [삼성전자]로서도 새로운 도전이 될 수밖에 없습니다. 앞으로 파운더리 업계 1위인 대만의 TSMC와의 치열한 경쟁이 예상됩니다.

③ 일본의 반도체/디스플레이 핵심소재 수출규제

2019년 7월, 일본 정부는 한국 대법원의 강제징용 배상판결에 대한 보복의 일환으로 반도체 및 디스플레이 핵심 소재인 불화수소, 포토 레지스트, 플루오린 폴리이미드 3종에 대한 수출을 규제하는 조치를 단행했습니다. 이들 모두 일본에 대한 의존도가 70%가 넘는 상황이었기 때

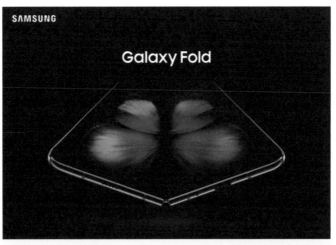

〈그림 6-11〉 갤럭시 폴드   자료 : 삼성전자 뉴스룸

문에 시장에서는 생산 차질을 우려하는 목소리가 커졌고 [삼성전자]의 주가는 단기간 급락하는 흐름을 보였습니다.

  그러나 업계의 수입처 다변화 및 국산화를 위한 노력이 이어졌고 정부도 국내 소재, 부품, 장비산업(소부장)의 국산화와 기술 독립을 위한 지원에 나서게 되는 계기가 되었습니다. 이 덕분에 우려했던 생산 차질은 발생하지 않았고 이후 주가는 원래 가격으로 상승합니다.

  ④ 세계 최초 폴더블폰 '갤럭시 폴드' 출시

  2019년 9월, 2007년 아이폰 등장 이후 10년 넘게 모양에서 큰 변화가 없던 스마트폰 시장에 새로운 형태의 스마트폰이 나타났습니다. [삼성전자]에서 세계 최초로 디스플레이를 접었다 폈다 할 수 있는 폴더블 스마트폰인 '갤럭시 폴드'를 정식으로 출시했기 때문이죠.

갤럭시 폴드는 200만원이 넘는 고가의 제품이었지만 국내뿐 아니라 미국과 유럽 등에서 출시와 동시에 완판을 기록하는 등 성공적으로 데뷔했습니다. 이에 따라 '삼성전자'의 주가는 물론 폴더블폰 관련 중소형 주들도 동시에 상승하는 흐름을 보였습니다.

⑤ [LG전자]와 8K TV 화질 논쟁

2019년 9월, 국제 가전박람회 'IFA'에서 [LG전자]가 삼성 QLED TV는 진정한 8K TV가 아니라고 공개적으로 비난했는데 처음에는 무시로 일관하던 [삼성전자] 측에서도 맞대응에 나서면서 상황은 점차 악화되었습니다. 이후 각 사가 언론 설명회를 열어 상대방을 공격하고 광고와 유튜브 등에서 서로를 비방하는 바람에 '8K TV 전쟁'이라고 불릴 정도로 신경전이 격화되는 양상을 보였습니다.

서로를 향한 비방전은 양사 모두에게 도움이 안 된다고 판단했기 때문인지 2020년 초 '8K TV 전쟁'은 승자 없이 조용히 마무리되었으나 우리나라를 대표하는 두 그룹 간의 이례적인 신경전이었습니다. 그러나 차세대 성장 동력인 '8K TV' 부문에서 주도권을 잡고 글로벌 TV 시장에서 1위를 차지하려는 양사의 치열한 경쟁은 앞으로도 계속될 가능성이 높습니다.

⑥ 반도체 슈퍼사이클 붕괴설

2019년 11월, 작년 3분기에 13조원이 넘는 영업이익을 기록하면서 사상 최대 실적을 달성했던 반도체 부문이 3조원이라는 다소 아쉬운 성적표를 받았습니다. 영업이익이 1년 만에 4분의 1 가까이 급감한 충격적인 결과였습니다. 2018년 11월 7.19달러였던 반도체 D램 고정 가격이 2019년 11월 2.81달러로 급감했기 때문인데요. 이 때문에 반도체 슈퍼 사이클이 붕괴되었다는 이야기가 많이 나왔습니다.

실적이 급감한 것은 분명한 주가의 악재 요인이죠. 그러나 [삼성전자] 주가는 실적 발표 이후 오히려 반등하는 흐름이 나왔습니다. 그건 바로 이번 3분기가 바닥이라는 전망에 힘이 실렸기 때문인데요, 앞서 말씀드린대로 주식시장에서는 일단 발표가 나와 소문이 사실로 확정되면 아무리 좋지 않은 일이더라도 이미 과거의 일이 돼 더 이상 주가에 영향을 끼치지 못하는 경우가 많습니다. 이제 이 과거의 이슈가 앞으로 어떻게 영향을 미치게 될 것인가가 시장의 관심이 되죠.

2020년 삼성전자 주요 이슈

① 세계최초 EUV장비를 활용한 D램 양산

2020년 3월, [삼성전자]는 세계 최초로 EUV(극자외선) 노광 장비를

〈그림 6-12〉 2020년 상반기 삼성전자 주요 이슈   자료 : 키움증권

활용한 D램 양산에 성공했습니다. EUV 장비는 반도체의 원판인 웨이
퍼에 회로를 그릴 때 활용되는데 현재 사용하는 장비보다 제품 불량률
을 낮추고 성능을 향상시킬 수 있다고 알려져 있습니다. 이처럼 [삼성전
자]는 혁신적인 기술 개발을 통해 D램 부문에서 초격차 전략을 유지하
고 있습니다.

② 대검 수사심의위원회, 이재용 불기소 및 수사중단 권고

2020년 6월, 대검찰청 수사심의위원회는 이재용 삼성전자 부회장의
경영권 부정 승계 혐의에 대해 불기소 및 수사 중단을 검찰에 권고했
습니다. 물론 수사심의위원회의 논의 결과가 강제적인 효력은 없지만
2018년 제도 도입 이후 열린 여덟 번의 수사심의위원회의 논의 결과를

검찰이 모두 따른 바 있습니다.

이에 따라 만약 검찰의 불기소 결정이 내려지게 되면 오랜 기간 이어진 오너리스크가 해소되는 것이기 때문에 [삼성전자] 주가에는 호재로 작용하게 될 가능성이 높았을 것입니다.

③ 검찰, 대검 수사심의위원회 권고에도 불구하고 이재용 기소

2020년 9월, 수사심의위원회의 수사 중단, 불기소 권고에도 불구하고 검찰은 이재용 부회장을 자본시장법상 부정거래, 시세조종 그리고 업무상 배임 등의 혐의로 전격 기소하기로 결정했습니다.

이에 대한 평가는 시간이 지나고 역사가 판단해 주겠지만 어찌되었던 간에 이재용 부회장은 '국정농단 사건'과 연관된 뇌물 공여 재판과 함께 '경영권 승계' 재판까지 서로 다른 두 가지의 재판을 동시에 받게 되었습니다. 이로서 [삼성전자] 오너의 사법 리스크와 관련된 불확실성은 앞으로 더 지속되게 되었습니다.

④ 8만전자 시대 개막

2020년 12월 30일, 사상 최초로(종가기준) [삼성전자]가 8만원을 돌파한 8만1000원으로 마감하였습니다. 2018년 5월에 실시된 액면분할 이전 가격으로 환산해 보면 400만원이 넘은 채 마무리된 것이고 지난 20년 3월 코로나19 탓에 4만2300원까지 하락한 이후 약 9개월 만에 두

배 가까이 상승한 것입니다.

[삼성전자]의 상승에는 여러 요인이 있지만 메모리 반도체 업황 회복에 대한 기대감과 퀄컴, IBM, 엔비디아 등과 같은 세계적인 기업들과 파운드리 계약을 맺은 데 따른 비메모리 반도체 부분의 기대감, 그리고 배당 확대에 대한 기대감 등이 작용한 것으로 보입니다.

여기에 유동성 장세가 당분간 더 지속될 전망이기 때문에 2021년 십만전자를 기대하는 것도 허황된 꿈은 아닐 겁니다.

마지막으로 초보 투자자에게 가장 강조드리고 싶었던 부분이자 주식 투자의 성패를 좌우하는 부분이 있습니다. 바로 '자금관리'입니다. 극단적으로 말씀드려서 '자금관리' 만 제대로 하신다면 아무렇게나 매수하고 매도해도 계좌에 수익이 쌓여갈 겁니다.

Part 7

[삼성전자]
한 종목이면
충분할까?

01

지금까지 총 6장에 걸쳐서 [삼성전자]에 투자할 때 고려해야 할 여러 가지 요인을 알아보았습니다.

1장에서 우리가 [삼성전자]를 사야 하는 이유를 알아보았고 2장에서부터 5장까지 [삼성전자]를 통해 주식시장에서 알아야 할 네 가지 기둥인 '기본적 분석'과 '기술적 분석' 그리고 '자금관리'와 '마인드관리'에 대해 알아보았습니다.

'기본적 분석' 부분에서는 실적의 중요성과 PER, PBR, ROE에 대한 기본적인 이야기, 어렵기만 한 재무제표에서 주식 투자를 할 때 봐야 할 중요 항목을 알아보았습니다.

'기술적 분석' 부분에서는 본인의 매매 성향 파악의 중요성과 그에 따른 장기 매매와 스윙 매매 방법 그리고 매수보다 중요한 매도 방법에 대해 말씀드렸습니다.

'자금관리' 부분에서는 대부분의 개인 투자자들이 손실을 보는 이유와 구체적인 자금관리 방법 그리고 매매 일지 작성과 활용법을 이야기했습니다.

'마인드관리' 부분에서는 매매를 하면서 심리적으로 흔들리지 않는 방법과 손절의 중요성에 대해 설명드렸습니다.

그리고 마지막으로 6장에서 [삼성전자]의 주가 움직임에 영향을 주는 여러 요인(선물 · 옵션 시장, 환율, 이슈)을 알아보았죠.

또한 주식 투자를 할 때 제가 정말 중요하다고 생각하는 부분은 이 책의 여러 부분에 걸쳐 반복적으로 말씀드렸습니다.

[삼성전자]의 장기적인 움직임

지난 35년 동안 [삼성전자]의 움직임을 확인해 보시기 바랍니다. 중간 중간 분명히 흔들림은 있었지만 장기적으로 보면 꾸준히 우상향으로 상승하고 있습니다. 우리나라의 경제 규모가 앞으로도 꾸준히 발전한다고 예상한다면 [삼성전자]의 주가 역시 앞으로도 계속 우상향 할 것입니다. 어쩌면 오늘 우리가 보는 [삼성전자]의 주가가 앞으로 보게 될 [삼성전자]의 주가 중에서 가장 싼 가격일지도 모릅니다.

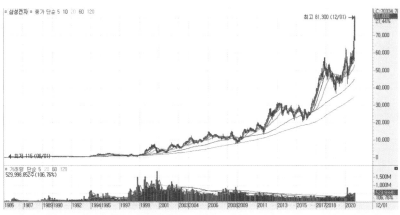

〈그림 7-1〉 [삼성전자] 35년 동안의 주가 상승　　　　　자료 : 키움증권

　물론 [삼성전자] 한 종목만 제대로 매매해도 이렇게 성공적인 주식 투자를 할 수 있습니다. 115원에서 8만1000원까지 703배나 상승했으니까요. 그러나 [삼성전자]를 매매하다 보면 다른 종목도 매매해 보고 싶은 마음이 드실 겁니다. 지금까지 대부분의 내용을 [삼성전자]의 사례와 차트로 설명드렸지만 [삼성전자] 이외의 종목을 매매할 때도 전부 동일하게 적용할 수 있는 내용들입니다. 따라서 초보 투자자가 [삼성전자]를 통해 얻은 경험과 자신감은 다른 종목을 매매할 때도 동일하게 적용할 수 있습니다.

　마지막으로 초보 투자자에게 가장 강조드리고 싶었던 부분이자 주식 투자의 성패를 좌우하는 부분이 있습니다. 바로 '자금관리'입니다. 극단적으로 말씀드려서 '자금관리'만 제대로 하신다면 아무렇게나 매수하고 매도해도 계좌에 수익이 쌓여갈 겁니다. 이 책의 다른 부분은 전부 다 잊어버려도 '자금관리' 부분만은 잊지 말고 본인의 것으로 만드셔서 자신감 있게 투자하시길 바랍니다.

2020년 11월 현재 한국은행의 기준금리는 0.5%인 상황입니다. 이전과 같이 저축을 통한 부의 형성이 거의 불가능해졌습니다. 시간이 지날수록 돈의 가치는 줄어들고 있기 때문에 재테크는 이제 선택이 아닌 필수가 되었습니다. 재테크 수단에는 부동산이나 주식 아니면 창업과 같은 여러 가지 방법이 있지만 초기 자본이 많이 들기 때문에 모든 분들이 쉽게 시작하기에는 어려움이 있습니다. 그러나 주식은 초기 투자금이 얼마든 간에, 설사 그게 단돈 만원이라 할지라도 시작하는 데 아무런 문제가 없으므로 누구나 쉽게 재테크를 시작할 수 있습니다.

그러나 주식시장의 문턱이 낮은 만큼 많은 분들이 아무런 준비 없이 시작해서 다른 사람의 말에 이리저리 휩쓸리다가 큰 손실을 보고 나서야 원금을 회복하겠다고 주식 공부를 하신다거나, 아니면 주식시장에서 본인이 가진 자금의 거의 대부분, 혹은 그 이상의 돈을 잃고 더 이상 주식 투자를 하실 수 없게 된 이후에 주변에 '주식 투자하면 망한다'며 주식 투자를 하지 말라고 이야기하시는 분들이 많이 계십니다.

많은 슈퍼 개미의 주식 투자 성공담을 들어보면 주식 투자 초기에 한두 번 이상은 계좌가 깡통이 되는 경험을 하시고 엄청난 경제적 고통을 겪은 이후에 실패를 교훈 삼아 성공하셨다고들 하십니다. 그러나 꼭 그래야만 성공할 수 있는 걸까요?

아닙니다. 예전에는 주식을 배우고 싶어도 배울 기회가 없었기 때문에 본인의 실패를 교훈 삼아서 배울 수밖에 없었지만 지금은 유튜브나 주식 카페 같은 곳에서 엄청나게 많은 강좌나 정보가 공유되고 있으므로 미리 준비하고 공부하면 투자 실패나 경제적 고통을 경험할 필요 없이 성공적인 재테크가 가능합니다.

한평생 직장인으로 일하시던 저희 아버지께서 예전부터 저에게 자주 하시던 말씀이 "기술을 배워라"라는 것이었습니다. 어렸을 때는 크게 귀담아듣지 않았지만 지금은 저희 아버지가 하신 말씀의 의미를 잘 알 것 같습니다. 최근 경기가 좋지 않아 취업하는 것 자체가 어렵고 설령 어렵게 취업에 성공해서 직장을 다니고 있다 하더라도 언제까지 다닐 수 있을지를 확신하지 못해 불안해하시는 분들이 제 주위에도 수없이 많이 계십니다.

또한 평균 수명이 길어진 만큼 은퇴 이후의 삶도 길어진 지금은 어떤 상황이 나에게 닥치더라도 경제적인 난관에 부닥치지 않을 만큼, 본인만의 확실한 '돈 버는 기술'이 필요한 사회입니다. 그런 의미에서 주식 투자를 하시기로 결심하신 여러분들은 운이 좋으신 겁니다.

저는 주식 트레이더는 기술직이라고 생각하고 이것이 저의 '돈 버는 기술'이라고 생각합니다. 지금 당장 어떤 좋지 않은 상황이 닥치더라도 나와 내 가족의 생활비 정도는 주식 매매로 벌 수 있다는 자신감이 있기 때문입니다. 또한 그렇기 때문에 은퇴 이후 노년의 삶 또한 두렵지 않습니다.

여러분이 주식 투자를 통해 완전한 경제적 자유를 얻고 싶으시거나, 주식 매매라는 돈 버는 기술을 배워 당당한 기술직으로서 살기를 꿈꾸신다면 아직 늦지 않았습니다. 하루라도 더 빨리, 더 많은 경력을 쌓으려면 지금부터 주식 매매를 시작하시기 바랍니다.

혹시 시작이 어려우신 분들이나 잘못 시작해서 입은 손실로 힘들어하시는 분들에게 이 책이 도움이 되었으면 합니다. 또한 이 책을 읽고 나서 더 자세한 실전 투자 방법이나 개별 종목에 대한 더 많은 정보가 궁금하신 분들은 네이버 카페 "[근투생] 근본 있는 투자생활"(https://cafe.naver.com/dneroot)과 유튜브 채널 "(근투생) 근본 있는 투자생활"(https://www.youtube.com/c/DnEroot)을 찾아 오시기 바랍니다. 책에는 아쉽게도 담지 못한 주식에 대한 실전 정보들과 개별 종목 매매 방법, 마인드관리 그리고 현재 주식 시황에 대해 많은 분들과 제 생각을 공유하고 있습니다.

　여러분들과 더 많은 이야기를 나누길 기대하면서 기다리고 있겠습니다. 감사합니다.

📖 북오션 부동산 재테크 도서 목록 📖

부동산/재테크/창업

장인석 지음 | 17,500원
348쪽 | 152×224mm

롱텀 부동산 투자 58가지

이 책은 현재의 내 자금 규모로, 어떤 위치의 부동산을 언제 살 것인가에 대한 탁월한 분석을 펼쳐보여 준다. 월세탈출, 전세탈출, 무주택자탈출을 꿈꾸는, 건물주가 되고 싶고, 꼬박꼬박 월세 받으며 여유로운 노후를 보내고 싶은 사람들을 위한 확실한 부동산 투자 지침서가 되기에 충분하다. 이 책은 실질금리 마이너스 시대를 사는 부동산 실수요자, 투자자 모두에게 현실적인 투자 원칙을 수립할 수 있도록 해줄 뿐 아니라 실제 구매와 투자에 있어서도 참고할 정보가 많다.

나창근 지음 | 15,000원
302쪽 | 152×224mm

나의 꿈, 꼬마빌딩 건물주 되기

'조물주 위에 건물주'라는 유행어가 있듯이 건물주는 누구나 한 번은 품어보는 달콤한 꿈이다. 자금이 없으면 건물주는 영원한 꿈일까? 저자는 현재와 미래의 부동산 흐름을 읽을 줄 아는 안목과 자기 자금력에 맞춤한 전략, 꼬마빌딩을 관리할 줄 아는 노하우만 있으면 부족한 자금을 충분히 상쇄할 수 있다고 주장한다. 또한 액수별 투자전략과 빌딩 관리 노하우 그리고 건물주가 알아야 할 부동산지식을 알기 쉽게 설명한다.

박갑현 지음 | 14,500원
264쪽 | 152×224mm

월급쟁이들은 경매가 답이다
1,000만 원으로 시작해서 연금처럼 월급받는 투자 노하우

경매에 처음 도전하는 직장인의 눈높이에서 부동산 경매의 모든 것을 알기 쉽게 풀어낸다. 일상생활에서 부동산에 대한 감각을 기를 수 있는 방법에서부터 경매용어와 절차를 이해하기 쉽게 설명하며 각 과정에서 꼭 알아야 할 중요사항들을 살펴본다. 경매 종목 또한 주택, 업무용 부동산, 상가로 분류하여 각 종목별 장단점, '주택임대차보호법' 등 경매와 관련되어 파악하고 있어야 할 사항들도 꼼꼼하게 짚어준다.

초저금리 시대에도 꼬박꼬박 월세 나오는
수익형 부동산

나창근 지음 | 17,000원
332쪽 | 152×224mm

현재 (주)기림이엔씨 부설 리치부동산연구소 대표이사로 재직하고 있으며 [부동산TV], [MBN], [한국경제TV], [KBS] 등 방송에서 알기 쉬운 눈높이 설명으로 호평을 받은 저자는 부동산 트렌드의 변화와 흐름을 짚어주며 수익형 부동산의 종류별 특성과 투자노하우를 소개한다. 여유자금이 부족한 투자자도 전략적으로 투자할 수 있는 혜안을 얻을 수 있을 것이다.

주식/금융투자

북오션의 주식/금융 투자부문의 도서에서 독자들은 주식투자 입문부터 실전 전문투자, 암호화폐 등 최신의 투자흐름까지 폭넓게 선택할 수 있습니다.

주식투자
기본도 모르고 할 뻔했다

박병창 지음 | 19,000원
360쪽 | 172×235mm

코로나 19로 경기가 위축되는데도 불구하고 저금리 기조가 계속되자 시중에 풀린 돈이 주식시장으로 몰리고 있다. 때 아닌 활황을 맞은 주식시장에 너나없이 뛰어들고 있는데, 과연 이들은 기본은 알고 있는 것일까? '삼프로TV', '쏠쏠TV'의 박병창 트레이더는 '기본 원칙' 없이 시작하는 주식 투자는 결국 손실로 이어짐을 잘 알고 있기에 이 책을 써야만 했다.

누구나 주식투자로
3개월에 1000만원 벌 수 있다

유지윤 지음 | 18,000원
264쪽 | 172×235mm

주식시장에서 은근슬쩍 돈을 버는 사람들이 있다. '3개월에 1000만 원' 정도를 목표로 정하고, 자신만의 투자법을 착실히 지키는 사람들이다. 3개월에 1000만 원이면 웬만한 사람들 월급이다. 대박을 노리지 않고, 딱 3개월에 1000만 원만 목표로 삼고, 그것에 맞는 투자 원칙만 지키면 가능하다. 이렇게 1000만 원을 벌고 나서 다음 단계로 점프해도 늦지 않는다.

최기운 지음 | 18,000원
424쪽 | 172×245mm

10만원으로 시작하는 주식투자

4차산업혁명 시대를 선도하는 기업의 주식은 어떤 것들이 있을까? 이제 이 책을 통해 초보투자자들은 기본적이고 다양한 기술적 분석을 익히고 그것을 바탕으로 향후 성장 유망한 기업에 투자할 수 있는 밝은 눈을 가진 성공한 가치투자자가 될 수 있다. 조금 더 지름길로 가고 싶다면 저자가 친절하게 가이드 해 준 몇몇 기업을 눈여겨보아도 좋다.

박병창 지음 | 18,000원
288쪽 | 172×235mm

현명한 당신의
주식투자 교과서

경력 23년차 트레이더이자 한때 스패큐라는 아이디로 주식투자 교육 전문가로 불리기도 한 저자는 "기본만으로 성공할 수 없지만, 기본 없이는 절대 성공할 수 없다"고 하며, 우리가 모르는 '기본'을 설명한다. 아마도 이 책을 보고 나면 '내가 이것도 몰랐다니' 하는 감탄사가 입에서 나올지도 모른다. 저자가 말해주는 세 가지 기본만 알면 어떤 상황에서도 주식투자를 할 수 있다.

최기운 지음 | 18,000원
300쪽 | 172×235mm

동학 개미 주식 열공

〈순매매 교차 투자법〉은 단순하다. 주가에 가장 큰 영향을 미치는 사람의 심리가 차트에 드러난 것을 보고 매매하기 때문이다. 머뭇거리는 개인 투자자와 냉철한 외국인 투자자의 순매매 동향이 교차하는 곳을 매매 시점으로 보고 판단하면 매우 높은 확률로 이익을 실현할 수 있다.

곽호열 지음 | 19,000원
244쪽 | 188×254mm

초보자를 실전 고수로 만드는
주가차트 완전정복

이 책은 주식 전문 블로그 〈달공이의 주식투자 노하우〉의 운영자 곽호열이 예리한 분석력과 세심한 코치로 입문하는 사람은 물론 중급자들이 놓치기 쉬운 기술적 분석을 다양하게 선보인다. 상승이 예상되는 관심 종목 분석과 차트를 통한 매수·매도 타이밍 포착, 수익과 손실에 따른 리스크 관리 및 대응방법 등 주식시장에서 이기는 노하우와 차트기술에 대해 안내한다.

최기운 지음 | 15,000원
272쪽 | 172×245mm

케.바.케로 배우는 주식
실전투자노하우

이 책은 전편 『10만원 들고 시작하는 주식투자』의 실전편으로 주식투자 때 알아야 할 일목균형표, 주가차트와 같은 그래프 분석, 가치투자를 위해 기업을 방문할 때 다리품을 파는 게 정상이라고 조언하는 흔히 '실전'이란 이름을 붙인 주식투자서와는 다르다. 주식투자자들이 가장 알고 싶어 하는 사례 67가지를 제시하여 실전투자를 가능하게 해주는 최적의 분석서이다.

우영제 · 이상규 지음
23,500원 | 444쪽
152×224mm

자금조달계획서 완전정복

6·17 대책 이후 서울에서 주택을 구입하려는 사람이라면 (거의) 누구나 자금조달계획서를 작성해야 한다. 즉, 이 주택을 사는 돈이 어디서 났느냐를 입증해야 한다. 어떻게 생각하면 간단하고, 어떻게 생각하면 복잡한 문제다. 이 책은 이제 필수 문건이 된 자금조달계획서를 어떻게 작성해야 하는지, 증여나 상속 문제는 어떻게 해결해야 하는지를 시원하게 밝혀주는 가이드다.

택스코디 지음 | 15,000원
220쪽 | 133×190mm

딱 2번만 읽으면 스스로 가능한 종합소득세신고

이 책은 수입금액과 소득금액의 산정방법, 추계신고와 장부작성, 필요경비, 소득공제 항목과 종합소득세 세율, 세액공제와 가산세 순으로 설명한다. 이 순서는 종합소득세 계산 방법과 일치한다. 그러니까 이 구성대로만 따라 읽으면 종합소득세 신고의 기초는 단단히 다진 것이나 다름없다.

권호 지음 | 15,000원
328쪽 | 133×190mm

알아두면 정말 돈 되는 신혼부부 금융꿀팁 57

신혼여행 5가지 금융 꿀팁부터 종잣돈 1억 만들기, 통장 나눠서 관리하기, 주택정책, 청약통장 바로 알기, 카카오페이 같은 간편결제 이용하기, 신용카드, 자동차 보험, 실손보험 똑똑하게 골라 가입하기, 맞벌이 부부 절세와 공제혜택 등 신혼부부나 직장인이 한 번쯤 챙겨봐야 할 지혜의 선물.